Basiswissen Verwaltungsrecht

Grundlagen des Allgemeinen Verwaltungsrechts
und des Verwaltungsprozessrechts

2018

Horst Wüstenbecker
Rechtsanwalt

ALPMANN UND SCHMIDT Juristische Lehrgänge Verlagsges. mbH & Co. KG
48143 Münster, Alter Fischmarkt 8, 48001 Postfach 1169, Telefon (0251) 98109-0
AS-Online: www.alpmann-schmidt.de

Wüstenbecker, Horst

Basiswissen
Verwaltungsrecht

6. Auflage 2018
ISBN: 978-3-86752-608-1

Verlag Alpmann und Schmidt Juristische Lehrgänge
Verlagsgesellschaft mbH & Co. KG, Münster

Die Vervielfältigung, insbesondere das Fotokopieren,
ist nicht gestattet (§§ 53, 54 UrhG) und strafbar (§ 106 UrhG).
Im Fall der Zuwiderhandlung wird Strafantrag gestellt.

Unterstützen Sie uns bei der Weiterentwicklung unserer Produkte.
Wir freuen uns über Anregungen, Wünsche, Lob oder Kritik an:
feedback@alpmann-schmidt.de

Inhaltsverzeichnis

1. Teil: Allgemeines Verwaltungsrecht 1

1. Abschnitt: Gegenstand des Verwaltungsrechts 1
  A. Die verwaltungsrechtliche Klausur 1
    I. Verwaltung und Verwaltungsrecht 1
    II. Bedeutung in der Klausur 1
  B. Abgrenzung Öffentliches Recht – Privatrecht 2
    I. Eindeutige Fälle 2
    II. Indizien 3
    III. Abgrenzungstheorien 3
  C. Verwaltungsträger 4
    I. Bundes- und Landesverwaltung 4
    II. Unterstaatliche Verwaltungsträger 5
■ Check: Abgrenzung öffentliches Recht – Privatrecht 6

2. Abschnitt: Der Verwaltungsakt 7
  A. Arten des Verwaltungshandelns 7
  B. Klausurrelevanz 7
  C. Begriffsmerkmale des VA 8
    I. Hoheitliche Maßnahme 8
    II. Behörde 9
    III. Auf dem Gebiet des öffentlichen Rechts 9
    IV. Regelung 10
    V. Einzelfall 12
    VI. Außenwirkung 13
■ Check: Begriffsmerkmale des VA 16

3. Abschnitt: Rechtmäßigkeit des Verwaltungsakts 17
  A. Erforderlichkeit einer Ermächtigungsgrundlage 17
    I. Vorbehalt des Gesetzes 17
    II. Auswahl der Ermächtigungsgrundlage 21
    III. Wirksamkeit der Ermächtigungsgrundlage 22
■ Check: Ermächtigungsgrundlage 24
  B. Formelle Rechtmäßigkeit 25
    I. Zuständigkeit 25
    II. Verfahren 26
    III. Form 27
    IV. Rechtsfolgen formeller Fehler 28
  C. Materielle Rechtmäßigkeit 29
    I. Voraussetzungen der Ermächtigungsgrundlage 30
    II. Adressat 32
    III. Allgemeine Rechtmäßigkeitsvoraussetzungen 32
    IV. Rechtsfolge 34
■ Check: Rechtmäßigkeit des VA 37
■ Aufbauschema: Rechtmäßigkeit des VA 38

4. Abschnitt: Wirksamkeit des VA 39
  A. Nichtigkeit des VA 39
  B. Tatbestandswirkung 40
  C. Bekanntgabe 40

I

Inhaltsverzeichnis

5. Abschnitt: Aufhebung von Verwaltungsakten 41
 A. Rechtsgrundlagen für die Aufhebung.................................41
 B. Rücknahme des VA gemäß § 48 VwVfG 42
  I. Rücknahme eines rechtswidrigen belastenden VA 42
  II. Rücknahme eines rechtswidrigen begünstigenden VA 43
 C. Widerruf des VA gemäß § 49 VwVfG 46
  I. Widerruf eines rechtmäßigen belastenden VA 46
  II. Widerruf eines rechtmäßigen begünstigenden VA 46
 D. Rückforderung gemäß § 49 a VwVfG 50
  I. Leistung durch VA 50
  II. Gebundene Entscheidung 50
  III. Verzinsung 50
 E. Wiederaufgreifen des Verfahrens (§ 51 VwVfG) 51
  I. Wiederaufgreifen im engeren Sinne 52
  II. Wiederaufgreifen im weiteren Sinne 52
 ■ Check: Aufhebung eines VA 53

6. Abschnitt: Verwaltungsvollstreckung 54
 A. Vollstreckung von Geldforderungen 54
 B. Verwaltungszwang 54
  I. Gestrecktes Verfahren 54
  II. Sofortvollzug 58
  III. Folgen des Verwaltungszwangs 59
 ■ Check: Verwaltungsvollstreckung 60

7. Abschnitt: Der öffentlich-rechtliche Vertrag 61
 A. Begriffsmerkmale 61
  I. Abgrenzung 61
  II. Arten öffentlich-rechtlicher Verträge 61
 B. Ansprüche aus öffentlich-rechtlichen Verträgen 62
  I. Anspruch entstanden 62
  II. Kein Erlöschen und keine Einreden 64
  III. Rechtswirkungen des Vertrages 64
 ■ Check: Öffentlich-rechtlicher Vertrag 66

8. Abschnitt: Verwaltungsrechtliche Ansprüche 67
 A. Öffentlich-rechtlicher Abwehr- und Unterlassungsanspruch 67
  I. Rechtsgrundlage 67
  II. Anspruchsvoraussetzungen 68
  III. Rechtsfolge 69
 B. Folgenbeseitigungsanspruch 69
  I. Rechtsgrundlage 69
  II. Anspruchsvoraussetzungen 71
  III. Rechtsfolge 73
 ■ Check: Verwaltungsrechtliche Ansprüche 74

9. Abschnitt: Öffentliche Ersatzleistungen 75
 A. Haftung für Pflichtverletzungen 75
  I. Amtshaftung 75
  II. Ordnungsrechtliche Unrechtshaftung 78
  III. Unionsrechtliche Staatshaftung 78
  IV. Vertragliche und vertragsähnliche Haftung 79

B. Entschädigung bei Eingriffen in das Eigentum (Art. 14 GG) 80
   I. Enteignungsentschädigung 80
   II. Ausgleichspflichtige Inhaltsbestimmungen 81
   III. Enteignungsgleicher Eingriff 81
   IV. Enteignender Eingriff 82
C. Allgemeiner Aufopferungsanspruch 82
■ Check: Öffentliche Ersatzleistungen 83

2. Teil: Verwaltungsprozessrecht 84

1. Abschnitt: Einleitung 84
A. Verwaltungsgerichtliche Klausuren 84
B. Prüfung der Zulässigkeit 84
   I. Rechtsweg 84
   II. Klageart 85
   III. Besondere Sachurteilsvoraussetzungen 85
   IV. Allgemeine Sachurteilsvoraussetzungen 85

2. Abschnitt: Eröffnung des Verwaltungsrechtswegs 86
A. Aufdrängende Spezialzuweisungen 86
B. Generalklausel des § 40 Abs. 1 S. 1 VwGO 86
   I. Öffentlich-rechtliche Streitigkeit 87
   II. Nichtverfassungsrechtliche Streitigkeit 89
   III. Abdrängende Sonderzuweisungen 89
■ Check: Verwaltungsrechtsweg 91

3. Abschnitt: Statthafte Klageart 92
A. Anfechtungsklage 93
   I. Zulässigkeit der Anfechtungsklage 93
   II. Begründetheit der Anfechtungsklage 95
B. Verpflichtungsklage 96
   I. Zulässigkeit der Verpflichtungsklage 96
   II. Begründetheit der Verpflichtungsklage 97
C. Fortsetzungsfeststellungsklage 99
   I. Zulässigkeit der Fortsetzungsfeststellungsklage 99
   II. Begründetheit der Fortsetzungsfeststellungsklage 101
■ Check: Klagearten I 102
D. Allgemeine Leistungsklage 103
   I. Zulässigkeit der allgemeinen Leistungsklage 103
   II. Begründetheit der allgemeinen Leistungsklage 104
E. Allgemeine Feststellungsklage 105
   I. Zulässigkeit der allgemeinen Feststellungsklage 105
   II. Begründetheit der allgemeinen Feststellungsklage 107
F. Verwaltungsgerichtliche Normenkontrolle 107
   I. Zulässigkeit des Normenkontrollverfahrens 107
   II. Begründetheit des Normenkontrollantrags 109
■ Check: Klagearten II 110

4. Abschnitt: Besondere Sachurteilsvoraussetzungen 111
A. Klagebefugnis 111
   I. Anwendungsbereich 111

III

II. Voraussetzungen 111
III. Fallgruppen 112
B. Vorverfahren 113
   I. Erforderlichkeit des Vorverfahrens 113
   II. Ausschluss des Vorverfahrens 113
   III. Entbehrlichkeit des Vorverfahrens 114
C. Klagefrist 114
   I. Anwendungsbereich 114
   II. Fristberechnung 114
   III. Rechtsbehelfsbelehrung 115
D. Richtiger Klagegegner 115
   I. Prüfungsstandort 115
   II. Bestimmung des Beklagten 116

5. Abschnitt: Allgemeine Sachurteilsvoraussetzungen 116
A. Zuständigkeit des Gerichts 116
B. Beteiligten- und Prozessfähigkeit 117
   I. Beteiligtenfähigkeit 117
   II. Prozessfähigkeit 117
C. Allgemeines Rechtsschutzbedürfnis 117
D. Sonstiges 118
E. Anhang 118
■ Check: Sachurteilsvoraussetzungen 119
■ Aufbauschema: Zulässigkeit der verwaltungsgerichtlichen Klage ... 120

6. Abschnitt: Vorläufiger Rechtsschutz 121
A. Bedeutung des vorläufigen Rechtsschutzes 121
B. Vorläufiger Rechtsschutz nach § 80 VwGO 121
   I. Aufschiebende Wirkung nach § 80 Abs. 1 VwGO 121
   II. Ausschluss der aufschiebenden Wirkung nach
      § 80 Abs. 2 VwGO 121
C. Das gerichtliche Aussetzungsverfahren nach
   § 80 Abs. 5 VwGO 122
   I. Zulässigkeit des Aussetzungsantrags 123
   II. Begründetheit des Aussetzungsantrags 125
D. Vorläufiger Rechtsschutz bei Verwaltungsakten mit
   Doppelwirkung nach § 80 a VwGO 126
   I. Drittrechtsbehelf hat aufschiebende Wirkung 126
   II. Drittrechtsbehelf hat keine aufschiebende Wirkung 127
E. Vorläufiger Rechtsschutz nach § 123 VwGO 127
   I. Zulässigkeit des Antrags nach § 123 VwGO 128
   II. Begründetheit des Antrags nach § 123 VwGO 129
■ Check: Vorläufiger Rechtsschutz 132

7. Abschnitt: Das Widerspruchsverfahren 133
A. Bedeutung des Vorverfahrens 133
B. Prüfung des Widerspruchs 133
   I. Zulässigkeit des Widerspruchs 133
   II. Begründetheit des Widerspruchs 136
■ Check: Widerspruchsverfahren 138

1. Teil: Allgemeines Verwaltungsrecht

1. Abschnitt: Gegenstand des Verwaltungsrechts

A. Die verwaltungsrechtliche Klausur

I. Verwaltung und Verwaltungsrecht

Gegenstand des Verwaltungsrechts ist die Rechtmäßigkeit und die Abwehr von **hoheitlichen Maßnahmen** der Verwaltung. In der verwaltungsrechtlichen Klausur geht es daher zumeist um

Verwaltungsrecht

- die **Rechtmäßigkeit** einer Verwaltungsmaßnahme, insbesondere eines sog. **Verwaltungsakts** (Bescheid, Anordnung, Verfügung o.Ä.) und/oder

- die **Abwehr** von Maßnahmen der Verwaltung, z.B. durch eine Klage vor dem Verwaltungsgericht.

So ist in der Klausur z.B. die Rechtmäßigkeit einer Polizeiverfügung oder einer baurechtlichen Beseitigungsverfügung zu prüfen oder die Zulässigkeit und Begründetheit einer sog. Anfechtungsklage (§ 42 Abs. 1 Fall 1 VwGO).

Das Verwaltungsrecht ist **Teil des öffentlichen Rechts**. Nach unserer Rechtsordnung gehört eine Rechtsnorm entweder zum Privatrecht oder zum Öffentlichen Recht. **Träger der Verwaltung** ist der Staat, also der Bund und die Länder. Bund und Länder üben nach Art. 20 Abs. 2 S. 2 GG durch ihre Organe **Staatsgewalt** aus. Sie können daher anders als im Zivilrecht Rechte und Pflichten des Bürgers kraft öffentlichen Rechts **einseitig** (hoheitlich) begründen.

Verwaltungsträger

Beispiele: Erlass einer Beseitigungsverfügung, Erteilung einer Baugenehmigung, Abschleppen eines verbotswidrig abgestellten Pkw.

Als juristische Personen können Verwaltungsträger aber auch **privatrechtlich** handeln.

Beispiele: Verkauf eines städtischen Grundstücks (§ 433 BGB), Verpachtung des Ratskellers als Gaststätte (§ 581 BGB).

II. Bedeutung in der Klausur

Daher ist es erforderlich, den Bereich des Öffentlichen Rechts vom Privatrecht abzugrenzen. Wichtig ist die **Abgrenzung** in der Klausur vor allem in folgenden Fällen:

Abgrenzung in der Klausur

- Bei öffentlich-rechtlichen Streitigkeiten ist grds. der **Verwaltungsrechtsweg** eröffnet (§ 40 Abs. 1 S. 1 VwGO), für privatrechtliche Streitigkeiten der Zivilrechtsweg (§ 13 GVG).

1. Teil — Allgemeines Verwaltungsrecht

- Das **Verwaltungsverfahrensgesetz** (VwVfG) ist nur bei öffentlich-rechtlicher Verwaltungstätigkeit anwendbar (§ 1 Abs. 1 VwVfG), für privatrechtliche Maßnahmen der Verwaltung gelten demgegenüber die allgemeinen Vorschriften des BGB.

- Ein **Verwaltungsakt** (VA) setzt nach § 35 S. 1 VwVfG eine Regelung „auf dem Gebiet des öffentlichen Rechts" voraus. Privatrechtliche Regelungen dürfen daher nicht durch VA getroffen werden.

- Bei hoheitlichem Handeln richtet sich die **Haftung** des Staates nach § 839 BGB, Art. 34 GG (sog. Amtshaftung), während bei privatrechtlicher Tätigkeit die allgemeinen Regeln der §§ 823 ff. BGB gelten.

B. Abgrenzung Öffentliches Recht – Privatrecht

Abgrenzung Öffentliches Recht – Privatrecht
■ **eindeutige Fälle**
■ Eingriffsverwaltung: öffentlich-rechtlich
■ Fiskalverwaltung: privatrechtlich
■ nicht Leistungsverwaltung, da Wahlrecht
■ **Indizien**
■ Bescheid, Gebühr: öffentlich-rechtlich
■ Vertrag, Entgelt: privatrechtlich
■ Sachzusammenhang
■ **Abgrenzungstheorien**
■ Subordinationstheorie
■ Interessentheorie
■ modifizierte Subjektstheorie

I. Eindeutige Fälle

Eingriffsverwaltung: öffentlich-rechtlich

Eindeutig öffentlich-rechtlich ist die sog. **Eingriffsverwaltung** (insbes. im Polizei- und Ordnungsrecht), da Eingriffe in Rechte des Bürgers stets hoheitliche Befugnisse des Staates voraussetzen.

Beispiel: Eine baurechtliche Beseitigungsverfügung muss gemäß § 40 Abs. 1 S. 1 VwGO vor dem Verwaltungsgericht angefochten werden.

Fiskalverwaltung: privatrechtlich

Demgegenüber ist eindeutig privatrechtlich die sog. **Fiskalverwaltung**. Diese unterscheidet sich durch nichts von entsprechenden Geschäften des Bürgers.

Gegenstand des Verwaltungsrechts | **1. Abschnitt**

Beispiel: Für die Klage auf Kaufpreiszahlung für ein städtisches Grundstück ist gemäß § 13 GVG das Zivilgericht zuständig, auch wenn die Stadt klagt.

Schwierigkeiten bei der Abgrenzung zwischen Privatrecht und Öffentlichem Recht ergeben sich im Bereich der **Leistungsverwaltung**. Hier besitzt die Verwaltung ein **Wahlrecht**, ob sie öffentlich-rechtlich oder privatrechtlich tätig werden will.

Leistungsverwaltung: Wahlrecht

So haftet die Stadt für eine Pflichtverletzung des Bademeisters nach § 839 BGB, Art. 34 GG (Amtshaftung), wenn sie die Benutzung des Hallenbades öffentlich-rechtlich durch Satzung geregelt hat. Erfolgt die Benutzung dagegen aufgrund privatrechtlicher Regelungen, so haftet die Stadt nach den allgemeinen privatrechtlichen Grundsätzen (insbes. §§ 823, 831 BGB).

II. Indizien

Für die Zuordnung können sich gewisse **Indizien** ergeben. So sind die Begriffe Bescheid und Gebühr typischerweise als öffentlich-rechtliche Handlungsformen einzuordnen, während das Vorliegen eines Vertrages oder die Zahlung eines Entgelts für privatrechtliche Tätigkeit spricht.

*Trifft die Behörde eine Maßnahme in der **Form eines Bescheides**, so handelt es sich stets um einen VA i.S.d. § 35 S. 1 VwVfG, der im Verwaltungsrechtsweg (§ 40 Abs. 1 S. 1 VwGO) anzufechten ist. Dies gilt auch, wenn der VA unzulässigerweise ein privatrechtliches Rechtsverhältnis betrifft (z.B. Kündigung eines privatrechtlichen Vertrages durch VA).*

!

Ein wichtiges Kriterium für die Abgrenzung ist das des **Sachzusammenhangs:** Steht eine Maßnahme mit einem anderen Verwaltungshandeln, das ohne Weiteres als öffentlich-rechtlich einzuordnen ist, in engem Zusammenhang, so ist auch die zu beurteilende Tätigkeit als öffentlich-rechtlich zu qualifizieren.

Sachzusammenhang

Beispiel: Ein von einem Hoheitsträger ausgesprochenes Hausverbot ist nach teilweise vertretener Ansicht öffentlich-rechtlich, wenn es im Sachzusammenhang mit hoheitlicher Tätigkeit steht, privatrechtlich, wenn es im Zusammenhang mit fiskalischer Tätigkeit erfolgt. Nach der Gegenansicht ist das Hausrecht eines Verwaltungsträgers generell öffentlich-rechtlich zu qualifizieren.

III. Abgrenzungstheorien

Soweit nicht eindeutig auf die Handlungsform der Verwaltung geschlossen werden kann und auch keine Indizien für die eine oder andere Form ersichtlich sind, stellt sich die Problematik der **Abgrenzungstheorien**.

*Die Abgrenzungstheorien spielen in der Klausur nur eine **untergeordnete Rolle**. Zumeist ist die Zuordnung entweder eindeutig oder kann zwanglos nach den o.g. Kriterien vorgenommen werden.*

!

3

1. Teil	Allgemeines Verwaltungsrecht

Subordinationstheorie

■ Die **Subordinationstheorie** nimmt ein öffentlich-rechtliches Verhältnis an, wenn zwischen den Beteiligten ein Über-/Unterordnungsverhältnis besteht. Ist die Beziehung dagegen durch Gleichordnung geprägt, so ist sie privatrechtlich einzuordnen.

Interessentheorie

■ Nach der **Interessentheorie** sind öffentlich-rechtlich die Rechtsnormen, die überwiegend dem öffentlichen Interesse dienen, während die im Individualinteresse stehenden Vorschriften dem Privatrecht angehören.

Modifizierte Subjektstheorie

■ Nach der modifizierten **Subjektstheorie** (Sonderrechtstheorie) liegt öffentliches Recht vor, wenn aus der streitentscheidenden Norm ein Hoheitsträger als solcher, also gerade in seiner Eigenschaft als Träger hoheitlicher Gewalt berechtigt oder verpflichtet wird.

So ist z.B. § 7 StVG eine privatrechtliche Norm, weil Gläubiger und Schuldner auch Privatleute sein können. Öffentlich-rechtlich ist dagegen § 3 StVG, da nur ein Hoheitsträger zur Entziehung der Fahrerlaubnis berechtigt ist, ebenso § 5 ParteiG, der gerade einen Hoheitsträger verpflichtet.

! *Da die Theorien nicht in einem Ausschließlichkeitsverhältnis stehen, sondern dieselbe Sache nur von verschiedenen Seiten aus betrachten, ist es sinnvoll, die verschiedenen Theorien in Zweifelsfällen nebeneinander zu prüfen.*

Im Zweifel: Öffentliches Recht

Führen auch die Abgrenzungstheorien zu keinem greifbaren Ergebnis, so ist im **Zweifel** von einer **öffentlich-rechtlichen Maßnahme** auszugehen: Geht es um die Erfüllung öffentlicher Aufgaben, so besteht die Vermutung, dass der Hoheitsträger seine Aufgaben auch mit den ihm zugewiesenen besonderen Befugnissen des öffentlichen Rechts erfüllen will.

C. Verwaltungsträger

I. Bundes- und Landesverwaltung

Träger der Verwaltung sind Bund und Länder. Das Grundgesetz unterscheidet deshalb **Bundes- und Landesverwaltung** (Art. 30, 83 ff. GG), wobei die Kommunen (Gemeinden und Landkreise) Teil der Landesverwaltung sind.

Behörden im organisationsrechtlichen Sinne

Bund, Länder und Kommunen sind als sog. Körperschaften **juristische Personen des öffentlichen Rechts**. Als juristische Personen sind sie nicht handlungsfähig. Für sie handeln ihre **Organe**. Die Organe, die Verwaltungsaufgaben gegenüber dem Bürger wahrnehmen, nennt man **Behörden**.

4

Gegenstand des Verwaltungsrechts

1. Abschnitt

Beispiel: Die Gemeinde hat als juristische Person mehrere Organe (z.B. den Gemeinderat und den Bürgermeister). Der Rat ist i.d.R. nur internes Willensbildungsorgan, während der Bürgermeister die Gemeinde im Außenverhältnis als Behörde vertritt.

Bund und Länder können ihre Verwaltungsaufgaben

- durch **eigene Behörden** oder
- durch **andere Verwaltungsträger** und deren Organe wahrnehmen.

Werden Verwaltungsaufgaben von Bundes- oder Landesbehörden, also **eigenen Organen** des Staates wahrgenommen, spricht man von **unmittelbarer** Bundes- bzw. Landesverwaltung.

Unmittelbare Staatsverwaltung

Behörden des Bundes sind z.B. die Wasser- und Schifffahrtsämter (vgl. Art. 89 Abs. 2 GG). Landesbehörden sind z.B. die Bezirksregierungen und die Polizeipräsidien.

Bund und Länder können aber auch **andere Verwaltungsträger** zur Erfüllung ihrer Aufgaben einschalten. Dann spricht man von **mittelbarer** Bundes- bzw. Landesverwaltung.

Mittelbare Staatsverwaltung

Beispiel: Die Gemeinden nehmen auf örtlicher Ebene die sog. Selbstverwaltungsaufgaben (Art. 28 Abs. 2 GG), zum Teil aber auch staatliche Aufgaben wahr (z.B. im Ordnungsrecht). Sie sind daher Teil der mittelbaren Landesverwaltung.

II. Unterstaatliche Verwaltungsträger

Im Fall der mittelbaren Staatsverwaltung schalten Bund und Länder zur Wahrnehmung hoheitlicher Aufgaben **unterstaatliche Organisationen** ein. Diese unterscheiden sich durch ihre organisatorische Struktur:

- **Körperschaften** bestehen aus Mitgliedern, die wesentlichen Einfluss auf die Willensbildung haben (z.B. Gemeinden, Universitäten).

Körperschaften

- In **Anstalten** werden Sachen und Personal verselbstständigt und i.d.R. dem Bürger zur Benutzung zur Verfügung gestellt (z.B. Sparkassen).

Anstalten

- **Stiftungen** sind rechtlich verselbstständigte Vermögensmassen. Im Unterschied zu privaten Stiftungen (§§ 80 ff. BGB) müssen öffentlich-rechtliche Stiftungen der Erfüllung einer öffentlichen Aufgabe dienen.

Stiftungen

Zur Unterscheidung: Körperschaften haben Mitglieder, Anstalten haben Benutzer und Stiftungen haben Nutznießer.

!

5

Check: Abgrenzung Öffentliches Recht – Privatrecht

1. Was ist Gegenstand des Verwaltungsrechts?

1. Im Verwaltungsrecht geht es um die Rechtmäßigkeit und die Abwehr hoheitlicher, d.h. öffentlich-rechtlicher Maßnahmen der Verwaltung.

2. In welchen Fällen ist die Abgrenzung von öffentlichem Recht und Privatrecht von besonderer Bedeutung?

2. Die Abgrenzung ist insbes. von Bedeutung

■ zur Bestimmung des Rechtswegs,

■ bei der Anwendung des VwVfG,

■ beim Vorliegen eines VA und

■ bei der Haftung.

3. Mit welchen Kriterien lassen sich in der Klausur öffentlich-rechtliches und privatrechtliches Handeln abgrenzen?

3. Die Abgrenzung ist eindeutig bei der Eingriffsverwaltung (öffentlich-rechtlich) und bei der Fiskalverwaltung (privatrechtlich). Im Übrigen, insbes. bei der Leistungsverwaltung, können Indizien für die Einordnung sprechen. Ergänzend kann auf die Abgrenzungstheorien und schließlich auf die Zweifelsregelung abgestellt werden.

4. Welche Begriffe sprechen für öffentlich-rechtliches Handeln?

4. Für öffentlich-rechtliches Handeln spricht die Verwendung der Begriffe Bescheid, Satzung, Gebühr, Zwangsgeld, Rechtsbehelfsbelehrung u.Ä.

5. Wie heißen die drei wichtigsten Abgrenzungstheorien und was beinhalten sie?

5. Die Subordinationstheorie stellt auf eine Über-/Unterordnung ab, die Interessentheorie auf das mit der Norm verfolgte Interesse, die modifizierte Subjektstheorie darauf, ob aus der Norm zwingend ein Hoheitsträger als solcher berechtigt oder verpflichtet wird.

6. Was ist der Unterschied zwischen unmittelbarer und mittelbarer Staatsverwaltung?

6. Bei der unmittelbaren Verwaltung handelt der Staat (Bund und Länder) durch eigene Behörden, bei der mittelbaren Verwaltung werden unterstaatliche Verwaltungsträger eingeschaltet.

7. Was sind Behörden im organisationsrechtlichen Sinne?

7. Behörden sind die Organe des Verwaltungsträgers, die im eigenen Namen Verwaltungsaufgaben gegenüber dem Bürger wahrnehmen.

8. Welche juristischen Personen des öffentlichen Rechts gibt es und wodurch unterscheiden sie sich?

8. Juristische Personen des öffentlichen Rechts sind die Körperschaften (mit Mitgliedern), Anstalten (als organisatorische Zusammenfassung von Sachen und Personen) und Stiftungen des öffentlichen Rechts (als rechtlich verselbständigte Vermögensmasse).

2. Abschnitt: Der Verwaltungsakt

A. Arten des Verwaltungshandelns

Handelt die Verwaltung öffentlich-rechtlich, so ist wichtigste Handlungsform der **Verwaltungsakt** (VA). Nach § 35 S. 1 VwVfG ist ein VA „jede Verfügung, Entscheidung oder andere hoheitliche Maßnahme, die eine Behörde zur Regelung eines Einzelfalls auf dem Gebiet des öffentlichen Rechts trifft und die auf unmittelbare Rechtswirkung nach außen gerichtet ist."

Legaldefinition des VA in § 35 VwVfG

Beispiele: Polizeiverfügung, Versammlungsverbot, Platzverweis, Beseitigungsverfügung, Baugenehmigung, Fahrerlaubnis.

Andere Arten des Verwaltungshandelns sind vor allem:

Sonstiges Verwaltungshandeln

- **Willenserklärungen**, insbes. wenn die Behörde nicht öffentlich-rechtlich, sondern privatrechtlich handelt,

- **öffentlich-rechtliche Verträge** (§§ 54 ff. VwVfG), wenn die Behörde nicht einseitig handelt, sondern eine verwaltungsrechtliche Vereinbarung mit dem Bürger trifft,

- **schlichtes Verwaltungshandeln** und Realakte, wenn unmittelbar keine Rechtsfolgen herbeigeführt werden (z.B. Hinweise, Warnungen, Betrieb öffentlicher Einrichtungen),

- **Rechtsnormen** (RechtsVO und Satzung), wenn es nicht um Einzelfälle, sondern um allgemeine Regelungen geht,

- **Verwaltungsvorschriften** und **Weisungen**, wenn die Maßnahme keine Außenwirkung hat und nur verwaltungsintern wirkt.

B. Klausurrelevanz

Die Frage, ob eine bestimmte Verwaltungsmaßnahme einen VA darstellt, kann in der Klausur an verschiedenen Stellen auftreten.

Darstellung des VA in der Klausur

- **Prozessualer Aufbau:** Geht es um die Erfolgsaussichten einer Klage, so ist das Vorliegen eines VA im Rahmen der **Klageart** festzustellen: Anfechtungs- und Verpflichtungsklagen sind nur statthaft, wenn Streitgegenstand ein VA ist (§ 42 Abs. 1 VwGO).

- **Materieller Aufbau:** Ist allgemein die Rechtmäßigkeit einer Maßnahme zu prüfen, so stellt sich die Frage, ob die Maßnahme einen VA darstellt, logisch vorrangig vor der eigentlichen Rechtmäßigkeitsprüfung. Denn die Rechtmäßigkeitsvoraussetzungen einer Maßnahme hängen von ihrer Rechtsnatur ab.

1. Teil Allgemeines Verwaltungsrecht

! *So gelten nur für den VA z.B. die besonderen formellen Anforderungen in §§ 28, 37, 39 VwVfG. Die Rechtsnatur der Maßnahme braucht aber nur dann im Einzelnen geprüft zu werden, wenn Zweifel bestehen. Liegt eindeutig eine „Verfügung" vor, z.B. nach dem PolG, ist unmittelbar auf die Rechtmäßigkeit der Maßnahme im Einzelnen einzugehen.*

C. Begriffsmerkmale des VA

Fasst man die Legaldefinition in § 35 S. 1 VwVfG sprachlich etwas knapper, so sind folgende Merkmale für den VA konstitutiv:

Begriffsmerkmale des Verwaltungsakts
■ hoheitliche Maßnahme
■ einer Behörde
■ auf dem Gebiet des öffentlichen Rechts
■ zur Regelung
■ eines Einzelfalls
■ mit Außenwirkung

I. Hoheitliche Maßnahme

Maßnahme = jede Handlung mit Erklärungsgehalt

1. Maßnahme (Verfügung, Entscheidung) ist jede Handlung, die einen Erklärungsgehalt hat (z.B. die erhobene Hand eines Verkehrspolizisten als konkludentes Haltegebot). Eine Maßnahme liegt auch vor, wenn ein Bescheid elektronisch erzeugt und als Datei gespeichert wird (sog. **elektronischer VA**, vgl. § 37 Abs. 2 VwVfG). Bereits die Datei ist dann der für den Rechtsverkehr maßgebende VA (unabhängig von einem Ausdruck). Neuerdings kann ein VA auch vollständig durch automatische Einrichtungen erlassen werden, sofern dies gesetzlich zugelassen ist und weder ein Ermessen noch ein Beurteilungsspielraum besteht (sog. **E-VA**, § 35a VwVfG).

Dem Merkmal „Maßnahme" kommt i.d.R. keine eigenständige Bedeutung zu, weil ohnehin noch geklärt werden muss, ob eine „Regelung" vorliegt. Es kann aber zweckmäßig sein, durch Konkretisierung der „Maßnahme" klarzustellen, welcher Vorgang überhaupt auf seine VA-Qualität untersucht wird.

hoheitlich = einseitig

2. Umstritten ist, ob der Zusatz **„hoheitlich"** neben dem Merkmal „auf dem Gebiet des öffentlichen Rechts" eine selbstständige Bedeutung hat. Teilweise wird angenommen, dass beide Merkmale inhaltsgleich sind. Die Gegenauffassung verweist zu Recht darauf, dass „hoheitlich" ein **einseitiges** Gebrauchmachen von den Befugnissen des öffentlichen Rechts erfordert.

So ist z.B. die Aufrechnung mit einer öffentlich-rechtlichen Forderung kein VA, sondern eine verwaltungsrechtliche Willenserklärung.

II. Behörde

1. Der Begriff der Behörde wird in § 1 Abs. 4 VwVfG legaldefiniert. Danach ist Behörde jede Stelle, die Aufgaben der öffentlichen Verwaltung wahrnimmt. Behörde ist nicht der Verwaltungsträger (also z.B. nicht die Gemeinde als Körperschaft), sondern das **Organ des Verwaltungsträgers** (also bei der Gemeinde der Bürgermeister).

Behörde i.S.d. § 1 Abs. 4 VwVfG

Die Körperschaft ist keine Behörde, sondern hat Behörden!

!

Als juristische Personen sind Körperschaften (z.B. Bund, Länder und Gemeinden) nicht handlungsfähig, sondern handeln durch ihre Organe. Die Organe, die Verwaltungsaufgaben gegenüber dem Bürger wahrnehmen, nennt man Behörden (s.o. S. 4).

2. Keine behördlichen Maßnahmen i.S.d. § 35 VwVfG sind solche, die einem Träger hoheitlicher Gewalt überhaupt **nicht zugerechnet** werden können.

Beispiel: Anordnungen einer Privatperson (z.B. nicht autorisierte Aufstellung eines Verkehrszeichens durch ein Umzugsunternehmen).

Etwas anderes gilt für Maßnahmen von **Verwaltungshelfern**. Verwaltungshelfer sind Privatpersonen, die Hilfstätigkeiten im Auftrag der Behörde ausführen. Ihr Verhalten wird der Behörde zugerechnet. Deshalb haftet der Staat z.B. für ein Fehlverhalten des Abschleppunternehmers aus Amtshaftung (§ 839 BGB, Art. 34 GG).

Verwaltungshelfer

Entsprechendes gilt im Fall der **Beleihung**. Beliehene sind Privatpersonen, die aufgrund Gesetzes einzelne hoheitliche Aufgaben **im eigenen Namen** wahrnehmen dürfen. Im Gegensatz zum Verwaltungshelfer ist der Beliehene **selbst Behörde** i.S.d. §§ 1, 35 VwVfG, z.B. der TÜV-Sachverständige nach § 29 StVZO.

Beleihung

3. Keine Verwaltungsakte mangels behördlicher Maßnahme sind schließlich Akte der Legislative und der Rechtsprechung.

Etwas anderes gilt, wenn Organe dieser Staatsgewalten ausnahmsweise Verwaltungstätigkeit ausüben (z.B. der Präsident des Bundestages bei der Ausübung des Hausrechts gemäß Art. 40 Abs. 2 S. 1 GG und bei Fragen der Parteienfinanzierung nach §§ 18 ff. ParteiG).

III. Auf dem Gebiet des öffentlichen Rechts

1. Die hoheitliche Maßnahme muss auf dem Gebiet des öffentlichen Rechts getroffen werden. Ob dies der Fall ist, richtet sich nach den allgemeinen für die Abgrenzung des öffentlichen Rechts vom Privatrecht entwickelten Kriterien (s.o. S. 2 ff.). Die mögliche **Rechtsgrundlage** muss eine Vorschrift des öffentlichen Rechts sein, oder die Behörde muss **eindeutig** von ihr (angeblich) zustehenden hoheitlichen Befugnissen Gebrauch machen.

1. Teil	Allgemeines Verwaltungsrecht

Das Merkmal „auf dem Gebiet des öffentlichen Rechts" ist etwas zu weit gefasst. Keine VAe sind Maßnahmen der Regierung auf dem Gebiet des Staatsorganisationsrechts und des Völkerrechts (sog. Regierungsakte) sowie prozessuale Maßnahmen der Gerichte.

Nach h.M. liegt ein VA unabhängig von der materiellen Regelung immer dann vor, wenn die Behörde eindeutig in der Form eines VA gehandelt hat (sog. **formeller VA**).

Beispiele: Kündigung eines privatrechtlichen Vertrages durch VA, Aufrechnung durch VA.

! *Die Frage, wie die Behörde hätte handeln müssen, ist keine Frage der Rechtsnatur der Maßnahme, sondern ihrer Rechtmäßigkeit.*

2. Keine Verwaltungsakte sind die privatrechtlichen Maßnahmen der Behörde. Dies gilt nicht nur für **fiskalisches Handeln** (Anschaffung von Waren oder Vergabe von Bauaufträgen), sondern auch für das sog. **Verwaltungsprivatrecht**, wenn in privater Form öffentliche Aufgaben erfüllt werden (z.B. sozialer Wohnungsbau).

Werden gegenüber dem Bürger unmittelbar öffentliche Aufgaben erfüllt, so kann sich die Verwaltung auch bei privatrechtlichem Handeln nicht den öffentlich-rechtlichen Bindungen entziehen. Deshalb gelten im Verwaltungsprivatrecht neben den Zuständigkeitsvorschriften des öffentlichen Rechts vor allem auch die Grundrechte und der Grundsatz der Verhältnismäßigkeit.

IV. Regelung

Beim Merkmal der „Regelung" geht es um die Abgrenzung zwischen VA und schlichtem Verwaltungshandeln.

Eine Regelung i.S.d. VA-Begriffs liegt vor, wenn die Maßnahme ihrem Ausspruch nach **unmittelbar auf die Herbeiführung einer Rechtsfolge gerichtet** ist.

1. Begründung von Rechtsfolgen

Die **Rechtsfolge** besteht typischerweise in der Begründung, Änderung, Aufhebung oder verbindlichen Feststellung von Rechten und Pflichten.

Beispiele: Verbot einer Versammlung, Gebot zum Wegfahren eines verbotswidrig abgestellten Pkw, Ernennung eines Beamten, Erteilung oder Versagung einer Erlaubnis, Aufhebung eines Verwaltungsaktes.

Abgrenzung Hinweis – feststellender VA

a) Kein VA mangels Regelung ist der bloße **Hinweis** auf die ohnehin geltende Rechtslage. Davon zu unterscheiden ist der **feststellende VA**, mit dem die Behörde die verbindliche Klärung oder Durchsetzung der gesetzlichen Rechtslage bezweckt. Die Regelung i.S.d. § 35 VwVfG setzt nicht voraus, dass eine Rechtsfolge herbeigeführt werden soll, die von der gesetzlichen Rechtslage abweicht oder nach den gesetzlichen Vorschriften allein noch nicht gegeben ist. Auch gesetzeswiederholende oder **gesetzeskonkretisierende Maßnahmen** können regelnden Charakter haben. Ob ein bloßer Hinweis oder eine feststellende Regelung vorliegt, ist bei mangelnder Eindeutigkeit durch Auslegung analog § 133 BGB zu ermitteln. Entscheidendes Kriterium ist, ob ein **klärungsbedürftiges Rechtsverhältnis** vorliegt, da dann auch aus objektiver Sicht ein Regelungsbedürfnis besteht.

Beispiel: Besteht zwischen Bürger und Meldebehörde Streit über die Hauptwohnung, kann hierüber durch VA entschieden werden.

b) Keine Regelung enthält auch die bloße **Wiederholung** eines bereits erlassenen VA. Sie ist abzugrenzen vom sog. **Zweitbescheid**, wenn die Behörde nach erneuter Sachprüfung eine erneute Entscheidung in der Sache trifft und damit einen neuen VA erlässt (s.u. S. 52). Bei der sog. wiederholenden Verfügung wird dagegen nur auf die Existenz des Erstbescheides hingewiesen und **keine erneute Sachentscheidung** getroffen, sodass kein neuer VA vorliegt.

> Abgrenzung wiederholende Verfügung – Zweitbescheid

c) Regelung i.S.d. VA-Begriffs ist grds. nur die **endgültige Regelung**. Maßnahmen, die einen VA bloß vorbereiten, enthalten keine Regelung i.S.d. § 35 VwVfG und sind deshalb keine VAe.

Beispiel: Die Aufforderung nach § 46 Abs. 3 FahrerlaubnisVO (FeV), bei Bedenken an der Kraftfahreignung ein ärztliches Gutachten vorzulegen, soll lediglich die Entscheidung über die Entziehung der Fahrerlaubnis (§ 3 Abs. 1 StVG) vorbereiten und ist deshalb kein eigenständiger VA.

Etwas anderes gilt für VAe mit vorläufiger Regelung (auch **vorläufiger VA** genannt).

> Abgrenzung vorbereitende Maßnahmen – vorläufiger VA

Beispiel: B erhält einen Subventionsbescheid unter dem Vorbehalt des Ergebnisses einer noch durchzuführenden Betriebsprüfung. Die Regelung besteht darin, dass B den bewilligten Betrag vorläufig bis zum Erlass der endgültigen Entscheidung behalten darf. Im Unterschied zu bloß vorbereitenden Maßnahmen wird hier die Rechtslage bereits jetzt – wenn auch nur vorläufig – geändert.

Begünstigende vorläufige VAe sind grds. zulässig, wenn die Behörde hinreichend deutlich macht, dass es sich nur um eine vorläufige Bewilligung handelt und das Verfahren erst mit dem Schlussbescheid abgeschlossen ist. **Belastende vorläufige VAe** sind dagegen grds. unzulässig, weil die Behörde in die Rechte des Bürgers erst eingreifen darf, wenn die Voraussetzungen für den VA geklärt sind.

2. Finalität

Die Rechtsfolge muss von der Behörde **bezweckt** sein. Es ist also nicht ausreichend, dass die Folge faktisch als Reflex der Maßnahme eintritt, vielmehr muss die Maßnahme **final** darauf gerichtet sein.

> Final, nicht nur faktisch

1. Teil | Allgemeines Verwaltungsrecht

Beispiel: Der Schuss aus der Dienstwaffe eines Polizeibeamten ist auch dann kein VA, wenn ein Unbeteiligter durch den Schuss verletzt wird.

Abgrenzung VA – schlichtes Verwaltungshandeln

a) Maßnahmen ohne Regelungswirkung und damit **keine Verwaltungsakte** sind insbes. die sog. **Realakte** (wie Erklärungen, Auskünfte oder tatsächliche Verrichtungen der Verwaltung). Eine Regelung liegt in diesen Fällen jedoch dann vor, wenn **zuvor eine Entscheidung** über die Vornahme des Realakts getroffen werden muss. Indiz für eine solche regelnde Entscheidung ist die Erforderlichkeit einer Subsumtion oder die Ausübung von Ermessen.

Beispiel: Die Erteilung einer Auskunft ist lediglich Realakt. Diesem Realakt ist jedoch ein VA vorgeschaltet, wenn die Erteilung oder die Art und Weise der Auskunft im Ermessen der Behörde steht und über das „Ob" eine Entscheidung zu treffen ist.

Konkludente Regelungen

b) VA-Qualität können darüber hinaus auch solche Realakte haben, in deren Durchführung **konkludent** eine Regelung enthalten ist. So ist z.B. die **Anwendung unmittelbaren Zwangs** an sich nur ein Realakt (z.B. das Wegtragen von Demonstrationsteilnehmern). Ausnahmsweise kann jedoch ein VA vorliegen, wenn durch die Zwangsanwendung die Pflicht zur Duldung des Zwangsmittels konkretisiert wird, z.B. im Sofortvollzug ohne vorherige Androhung (vgl. § 18 Abs. 2 VwVG). Teilweise wird sogar in jeder Zwangsanwendung ein solcher konkludenter **DuldungsVA** gesehen, gegen den Anfechtungsklage (§ 42 Abs. 1 Fall 1 VwGO) bzw. (nach Erledigung) Fortsetzungsfeststellungsklage (§ 113 Abs. 1 S. 4 VwGO) erhoben werden kann. Die Gegenansicht verweist zutreffend darauf, dass es einer solchen Konstruktion nicht bedarf, da die VwGO auch gegen **schlichtes Verwaltungshandeln** ausreichenden Rechtsschutz eröffnet, z.B. durch allgemeine Leistungsklage (s.u. S. 103).

V. Einzelfall

Das Merkmal „Einzelfall" dient der Abgrenzung des VA zur Rechtsnorm.

VAe sind nur solche Maßnahmen, die die Regelung eines **Einzelfalls** betreffen. Während es bei der Regelung um die Abgrenzung zwischen VA und schlichtem Verwaltungshandeln geht, dient das Merkmal des „Einzelfalls" der Abgrenzung zur Rechtsnorm.

■ Einzelfallregelungen sind jedenfalls solche, die einen konkreten Sachverhalt und einen individuellen Adressaten betreffen **(konkret-individuelle Regelungen)**.

   Beispiel: Platzverweis gegenüber dem Störer, Baugenehmigung für ein konkretes Bauvorhaben.

■ Aber auch **abstrakt individuelle Regelungen** werden als VAe qualifiziert. Sie beschreiben zwar einen abstrakten Sachverhalt, werden jedoch konkret, wenn bestimmte Umstände eintreten.

Beispiel: Dem Kraftwerksbetreiber K (individueller Adressat) wird aufgegeben, jedes Mal, wenn wegen der Witterungsverhältnisse und des aus den Kühltürmen entweichenden Wasserdampfs Glatteisgefahr besteht (abstrakter Sachverhalt), die in der Nähe befindlichen, näher bezeichneten Straßen zu streuen.

Damit betrifft **jede individuelle Regelung** einen **Einzelfall**.

■ **Abstrakt generelle Regelungen** sind dagegen keine Einzelfallregelungen und damit keine VAe, sondern **Rechtsnormen** (Gesetz, RechtsVO, Satzung).

Abstrakte generelle Regelungen sind keine VAe, sondern Rechtsnormen.

■ **Konkret generelle Regelungen** sind dadurch gekennzeichnet, dass zur Regelung eines konkreten Falles Rechtsfolgen gegenüber einer Mehrzahl von Personen bestimmt werden. Sie sind nur in den in § 35 S. 2 VwVfG genannten Fällen als VA zu qualifizieren (sog. **Allgemeinverfügung**).

Konkret generelle Regelungen sind nur als Allgemeinverfügung VA.

   ■ **1. Fall:** Regelung eines konkreten Sachverhalts bei einem bestimmten oder bestimmbaren Adressatenkreis (z.B. Versammlungsverbot),

   ■ **2. Fall:** Regelung der öffentlich-rechtlichen Eigenschaft einer Sache (z.B. Widmung einer Straße gemäß § 2 Abs. 1 FStrG),

   ■ **3. Fall:** Regelung der Benutzung einer Sache durch die Allgemeinheit (z.B. Vorschriftzeichen nach § 41 StVO).

Einzelfall i.S.d. § 35 VwVfG		
Adressat / Fall	individuell	generell
konkret	**VA**	§ 35 S. 2 VwVfG
abstrakt	**VA**	**Rechtsnorm**

VI. Außenwirkung

VAe sind schließlich nur solche Regelungen, die auf unmittelbare Rechtswirkung nach außen gerichtet sind. Die **Außenwirkung** ist zu bejahen, wenn die bezweckten Rechtsfolgen gegenüber einer **außerhalb der Verwaltung** stehenden natürlichen oder juristischen Person eintreten sollen, indem deren Rechtsposition erweitert, eingeschränkt, festgestellt oder sonst regelnd in sie eingegriffen wird. Die Außenwirkung fehlt bei **verwaltungsinternen Maßnahmen**.

Das Merkmal der Außenwirkung dient zur Abgrenzung des VA von den lediglich verwaltungsintern wirkenden Maßnahmen.

1. Finalität

Finale, nicht nur faktische Außenwirkung

Auch beim Merkmal der Außenwirkung genügt – parallel zum Merkmal der Regelung – nicht eine lediglich faktische Außenwirkung, vielmehr muss auch diese Wirkung rechtlich beabsichtigt sein **(finales Element)**. Hat die Maßnahme nur **faktische Außenwirkung**, ist sie kein VA und kann nicht mit der Anfechtungsklage (§ 42 Abs. 1 Fall 1 VwGO) angefochten werden. Denkbar ist dann nur eine allgemeine Leistungsklage. Diese ist zulässig, wenn der Kläger geltend machen kann, in seinen subjektiven Rechten verletzt zu sein (Klagebefugnis analog § 42 Abs. 2 VwGO, s.u. S. 104). Daran fehlt es bei **rein verwaltungsinternen** Maßnahmen, da der Bürger bzgl. der Gestaltung interner Vorgänge keine eigenen Rechte hat. Hat die interne Maßnahme indes faktische Außenwirkung hat der Bürger die Möglichkeit, die ggf. rechtswidrige Beeinträchtigung seiner Rechte abzuwehren.

Beispiel: Die behördeninterne Umsetzung eines Beamten ist mangels Außenwirkung kein VA. Kann der Beamte geltend machen, die Umsetzung verstoße gegen die Fürsorgepflicht des Dienstherrn (§ 45 BeamtStG), ist eine allgemeine Leistungsklage zulässig.

2. Außenwirkung im Sonderstatusverhältnis

Problematisch ist die Außenwirkung insbesondere in den sog. **Sonderstatusverhältnissen** (z.B. Beamtenverhältnis oder Schulverhältnis). Hier ist die Außenwirkung dann zu bejahen, wenn eine Regelung der **persönlichen Rechtsstellung** des Betroffenen beabsichtigt ist.

VAe im Beamenrecht

■ Im **Beamtenrecht** ist dies z.B. der Fall bei Begründung und Beendigung des Beamtenverhältnisses und bei der Abordnung oder Versetzung des Beamten an eine andere Behörde. Dagegen liegt eine lediglich verwaltungsinterne Regelung und damit kein VA vor, wenn nur die Behördenorganisation oder die dienstliche Tätigkeit des Amtsträgers betroffen ist.

Dies ist z.B. anzunehmen bei bloßer Umsetzung des Beamten innerhalb derselben Behörde oder beim Erlass von Verwaltungsvorschriften.

VAe im Schulrecht

■ Im **Schulrecht** haben VA-Qualität z.B. die Verweisung oder Entlassung von der Schule, die (Nicht-)Versetzung und die Verhängung von Ordnungsmaßnahmen. Schulintern und damit keine VAe sind dagegen das Stellen einer Klassenarbeit oder die Eintragung ins Klassenbuch.

*Häufig fehlt es bei schulischen Maßnahmen bereits an der **Regelung**. So werden durch die Benotung einer Klassenarbeit keine Rechtsfolgen begründet, sondern Schüler und Eltern lediglich über den Leistungsstand informiert. Dasselbe gilt für Einzelnoten im Versetzungszeugnis, es sei denn die Note ist versetzungsrelevant. Dagegen wird bei Einzelnoten im Abschlusszeugnis die VA-Qualität überwiegend bereits dann bejaht, wenn die Note die Chancen im Berufsleben beeinflusst.*

!

3. Beziehungen zwischen verschiedenen Verwaltungsträgern

Verwaltungsinternen Charakter und damit keine Außenwirkung haben grds. die Rechtsbeziehungen zwischen verschiedenen Verwaltungsträgern bzw. Organen derselben juristischen Person. Dies gilt vor allem bei **Weisungen** im Rahmen von staatlichen Aufgaben oder bei Streitigkeiten um Organbefugnisse.

Weisungen zwischen Verwaltungsträgern sind i.d.R. kein VA

Keine Außenwirkung hat z.B. die Weisung des Bundes an das Land im Rahmen der Bundesauftragsverwaltung (Art. 85 Abs. 3 GG) oder der Ausschluss eines Ratsmitglieds aus der Sitzung wegen angeblicher Befangenheit.

Ausnahmsweise kann hier eine Außenwirkung der Maßnahme vorliegen, wenn der **selbstständige Status** eines Verwaltungsträgers betroffen ist.

Außenwirkung liegt vor, wenn Verwaltungsträger final in eigenen Rechten betroffen sind.

So haben Maßnahmen der Kommunalaufsicht bei Selbstverwaltungsaufgaben gegenüber der Gemeinde VA-Qualität, da in deren Selbstverwaltungsrecht (Art. 28 Abs. 2 GG) eingegriffen wird. Keine Außenwirkung haben dagegen i.d.R. Weisungen im Rahmen der sog. Fachaufsicht bei staatlichen Aufgaben.

4. Mehrstufiger VA

Die **Mitwirkung anderer Behörden** beim Erlass eines VA (sog. mehrstufiger VA) hat grds. nur verwaltungsinterne Bedeutung. Etwas anderes gilt nur in seltenen Ausnahmefällen bei sog. **inkongruenter Prüfungskompetenz**, wenn die mitwirkende Behörde bestimmte Gesichtspunkte selbstständig und abschließend prüft.

Mehrstufiger VA

So ist z.B. das **Einvernehmen der Gemeinde** (§ 36 BauGB) mangels Außenwirkung kein VA, da es nur aus den Gründen der §§ 31, 33, 34 und 35 BauGB versagt werden darf (§ 36 Abs. 2 S. 1 BauGB), also aus Gründen, die die Baugenehmigungsbehörde ohnehin prüfen muss (sog. **kongruente Prüfungskompetenz**). Wird das Einvernehmen versagt, kann der Bauherr daher nicht Verpflichtungsklage gegen die Gemeinde auf Erteilung des Einvernehmens erheben, sondern nur Verpflichtungsklage gegen die Genehmigungsbehörde auf Erteilung der Baugenehmigung (§ 42 Abs. 1 Fall 2 VwGO).

Wichtiges Beispiel: Einvernehmen der Gemeinde nach § 36 BauGB

Check: Begriffsmerkmale des VA

1. Nennen Sie die Begriffsmerkmale des VA!

1. VA ist jede

- hoheitliche Maßnahme
- einer Behörde
- auf dem Gebiet des öffentlichen Rechts
- zur Regelung
- eines Einzelfalls
- mit Außenwirkung.

2. Wann enthält eine hoheitliche Maßnahme eine Regelung i.S.d. § 35 S. 1 VwVfG?

2. Die Maßnahme hat Regelungswirkung, wenn sie unmittelbar auf die Herbeiführung einer Rechtsfolge gerichtet ist.

3. Was versteht man unter einer Einzelfallregelung i.S.d. § 35 VwVfG?

3. Eine Einzelfallregelung liegt bei jeder (konkret oder abstrakt) individuellen Regelung vor, bei einer konkret generellen Regelung nur in den Fällen des § 35 S. 2 VwVfG. Abstrakt generelle Regelungen sind dagegen keine VAe, sondern Rechtsnormen.

4. Welchen Arten der Allgemeinverfügung gibt es nach § 35 S. 2 VwVfG?

4. § 35 S. 2 VwVfG unterscheidet die personenbezogene, die sachbezogene und die benutzungsregelnde Allgemeinverfügung.

5. Wann hat eine Maßnahme Außenwirkung i.S.d. § 35 S. 1 VwVfG?

5. Die Außenwirkung ist zu bejahen, wenn die bezweckten Rechtsfolgen gegenüber einer außerhalb der Verwaltung stehenden natürlichen oder juristischen Person eintreten sollen, indem deren Rechtsposition erweitert, eingeschränkt, festgestellt oder sonst regelnd in sie eingegriffen wird.

6. Wann haben Maßnahmen im Sonderstatusverhältnis Außenwirkung?

6. Außenwirkung ist im Sonderstatusverhältnis gegeben, wenn die persönliche Rechtsstellung und nicht nur die funktionelle Rechtsstellung betroffen ist.

7. Wann haben Weisungen zwischen Verwaltungsträgern VA-Qualität?

7. Weisungen haben nur dann Außenwirkung und sind VA, wenn sie an den Verwaltungsträger als selbstständigen Rechtsträger gerichtet sind (z.B. die Gemeinde bei Selbstverwaltungsangelegenheiten, Art. 28 Abs. 2 GG).

8. Was versteht man unter einem mehrstufigen VA?

8. Ein mehrstufiger VA liegt vor, wenn der VA der Mitwirkung einer anderen Behörde bedarf, z.B. von deren Zustimmung abhängt oder im Einvernehmen ergehen muss.

16

3. Abschnitt: Rechtmäßigkeit des Verwaltungsakts

Ein Verwaltungsakt ist rechtmäßig, wenn

- er auf einer wirksamen **Ermächtigungsgrundlage** beruht,

- die Zuständigkeits-, Verfahrens- und Formvorschriften eingehalten sind **(formelle Rechtmäßigkeit)** und

- der VA inhaltlich mit dem geltenden Recht im Einklang steht **(materielle Rechtmäßigkeit)**.

Aufbauschema: Rechtmäßigkeit des Verwaltungsakts

- **Ermächtigungsgrundlage**
- **formelle Rechtmäßigkeit**
- **materielle Rechtmäßigkeit**

A. Erforderlichkeit einer Ermächtigungsgrundlage

I. Vorbehalt des Gesetzes

1. Kein Handeln ohne Gesetz

Ob eine Ermächtigungsgrundlage erforderlich ist, beurteilt sich nach dem Grundsatz vom **Vorbehalt des Gesetzes**, der aus Art. 20 Abs. 3 GG (Gesetzmäßigkeit der Verwaltung) und den Grundrechten hergeleitet wird. Danach ist eine Maßnahme der Verwaltung nur rechtmäßig, wenn das Handeln in einer Rechtsnorm gestattet ist („kein Handeln ohne Gesetz"). *Vorbehalt des Gesetzes*

Der zweite wichtige Grundsatz, der sich aus Art. 20 Abs. 3 GG ergibt, ist der **Vorrang des Gesetzes**. Danach darf keine Tätigkeit der Verwaltung gegen Rechtsnormen verstoßen („kein Handeln gegen Gesetz"). Hieraus folgen die einzelnen Voraussetzungen der formellen und materiellen Rechtmäßigkeit (dazu unten S. 25 ff. u. S. 29 ff.). *Vorrang des Gesetzes*

Nach h.M. gilt der Grundsatz vom Vorbehalt des Gesetzes **nicht für die gesamte Staatstätigkeit.** *Kein Totalvorbehalt*

- Uneingeschränkt gilt er für **Belastungen** des Bürgers.

  Eingriffe in Grundrechte dürfen nur durch oder aufgrund eines Gesetzes erfolgen (vgl. z.B. Art. 8 Abs. 2 u. Art. 12 Abs. 1 S. 2 GG). Dasselbe gilt für die an sich vorbehaltlos gewährleisteten Grundrechte (z.B. Art. 4 Abs. 1, 5 Abs. 3 GG). Auch die verfassungsimmanenten Schranken müssen durch den Gesetzgeber konkretisiert werden („durch oder aufgrund Gesetzes zum Schutz kollidierenden Verfassungsrechts").

1. Teil — Allgemeines Verwaltungsrecht

Wesentlichkeitstheorie

■ Darüber hinaus gilt der Grundsatz vom Vorbehalt des Gesetzes für alle Entscheidungen, die für das Zusammenleben im Staate wesentlich sind (sog. **Wesentlichkeitstheorie**). Wesentlich in diesem Sinne sind vor allem Entscheidungen, die den Grundrechtsbereich in nennenswertem Umfang tangieren. **Der Vorbehalt des Gesetzes gilt daher für alle grundrechtsrelevanten Maßnahmen.**

Pressesubventionen dürfen, soweit sie überhaupt zulässig sind, im Hinblick auf Art. 5 Abs. 1 S. 2 GG nur aufgrund eines Gesetzes gewährt werden. Ebenso bedürfen Altersgrenzen im Beamtenrecht einer gesetzlichen Grundlage, da sie den Leistungsgrundsatz des Art. 33 Abs. 2 GG einschränken.

Wichtige Ausnahme: Sozialleistungen dürfen nur erbracht werden, soweit ein Gesetz es vorschreibt oder zulässt (§ 31 SGB I).

■ Im Bereich der sonstigen (nicht grundrechtsrelevanten) **Leistungsverwaltung** kann der Staat dagegen auch ohne besondere Ermächtigung handeln.

Anders die Lehre vom Totalvorbehalt: Grundrechte seien nicht nur Abwehrrechte gegen belastende Maßnahmen, sondern gewährten auch Teilhaberechte an staatlichen Leistungen. Da die Leistungsgewährung für das Verhältnis zwischen Staat und Bürger von erheblicher Bedeutung sei, müssten auch die Voraussetzungen der Gewährung staatlicher Leistungen klar und verbindlich durch Gesetz geregelt werden.

Besondere Bedeutung hat dies bei der Gewährung von Subventionen. Hier reicht es nach h.M. aus, wenn die Entscheidung, **ob** staatliche Mittel zu bestimmten Zwecken gewährt werden, durch eine haushaltsrechtliche Regelung legitimiert ist. Demgegenüber brauchen die Voraussetzungen der Leistungsgewährung (das „**Wie**") im Einzelnen nicht gesetzlich geregelt zu sein, hierfür reicht auch eine Konkretisierung durch (interne) Verwaltungsvorschriften. Die Gegenansicht verweist darauf, dass der Haushaltsplan nur die Legitimation der Ausgabe im Innenverhältnis zwischen Parlament und Regierung begründe, im Außenverhältnis zum Bürger aber nicht den Anforderungen des Vorbehalts des Gesetzes genüge.

2. Arten der Ermächtigungsgrundlage

Ermächtigungsgrundlage im Gesetz, in einer RechtsVO oder einer Satzung

Greift der Grundsatz vom Vorbehalt des Gesetzes ein, so bedarf das Handeln der Verwaltung einer **Ermächtigungsgrundlage** in Form einer Rechtsnorm. Dabei reicht grds. jedes Gesetz im materiellen Sinne aus, also auch eine untergesetzliche Norm (RechtsVO oder Satzung), die ihrerseits auf eine wirksame gesetzliche Grundlage zurückzuführen ist.

! *Die Ermächtigungsgrundlage in einer RechtsVO bedarf ihrerseits einer gesetzlichen Ermächtigungsgrundlage in einem formellen Gesetz, das den Anforderungen des Art. 80 GG entspricht.*

18

Rechtmäßigkeit des Verwaltungsakts

3. Abschnitt

a) Die Wesentlichkeitstheorie beantwortet nicht nur die Frage, ob der Gesetzgeber überhaupt tätig werden muss, sondern aus ihr ergibt sich auch, dass der Gesetzgeber das „Wesentliche" selbst regeln muss (sog. **Parlamentsvorbehalt**). Die dem Parlamentsvorbehalt unterfallenden Fragen darf der Gesetzgeber nicht auf den Verordnungs- oder Satzungsgeber übertragen. Der Umfang des parlamentarischen Regelungsvorbehalts bestimmt sich vor allem nach der **Intensität** der individuellen Betroffenheit und der **Bedeutung** der Regelung für die Allgemeinheit. Je stärker der Einzelne betroffen wird, desto detaillierter und bestimmter muss die gesetzliche Regelung sein.

Parlamentsvorbehalt erfordert formelles Gesetz

Beispiel: Die allgemein gehaltene polizeiliche Generalklausel ist wegen der weitreichenden Eingriffsfolgen grds. nicht geeignet, eine dauerhafte Observation von rückfallgefährdeten Straftätern zu rechtfertigen.

b) Verwaltungsvorschriften reichen als gesetzliche Grundlage grds. nicht aus. Anders als Rechtsnormen (Gesetz, RechtsVO, Satzung) haben Verwaltungsvorschriften nur verwaltungsinterne Bedeutung. Verwaltungsvorschriften sind sog. **Innenrecht** und haben deshalb keine unmittelbare Außenwirkung gegenüber dem Bürger. Sie sind **keine Gesetze** i.S.d. Art. 20 Abs. 3 GG. Verwaltungsvorschriften können daher weder Ermächtigungsgrundlage für die Behörde noch Anspruchsgrundlage für den Bürger sein. Im Einzelnen:

Verwaltungsvorschriften sind keine Gesetze i.S.d. Art. 20 Abs. 3 GG, nur sog. Innenrecht

- **Norminterpretierende Verwaltungsvorschriften** sollen eine einheitliche Gesetzesauslegung sicherstellen. Sie haben für das Verhältnis Verwaltung – Bürger grds. keine Bedeutung, weil hierfür allein das Gesetz maßgebend bleibt. Im Streitfall muss das Gericht über die richtige Auslegung des Gesetzes entscheiden.

Norminterpretierende Verwaltungsvorschriften

- **Normkonkretisierende Verwaltungsvorschriften** haben insbes. im Umweltrecht die Funktion antezipierter Sachverständigengutachten, z.B. um den Begriff „schädliche Umwelteinwirkungen" i.S.d. § 3 Abs. 1 BImSchG zu konkretisieren.

Normkonkretisierende Verwaltungsvorschriften

- **Ermessensrichtlinien** dienen einer gleichmäßigen Verwaltungspraxis. Über den Gleichbehandlungsgrundsatz des Art. 3 Abs. 1 GG ergibt sich eine **mittelbare Außenwirkung**, die eine sachlich nicht gerechtfertigte Abweichung von den Richtlinien verbietet.

Ermessensrichtlinien

Gewährt die Behörde unter bestimmten Voraussetzungen Subventionen an Dritte, besteht aus Art. 3 Abs. 1 GG ein Anspruch auf Bewilligung einer Subvention entsprechend dem in den Verwaltungsvorschriften geregelten Verteilungsprogramm.

1. Teil	Allgemeines Verwaltungsrecht

Weicht die Behörde ohne sachlichen Grund im Einzelfall von ansonsten angewendeten Subventionsrichtlinien ab, ohne die Vergabepraxis insgesamt zu ändern, so ist die Entscheidung wegen Verstoßes gegen Art. 3 Abs. 1 GG rechtswidrig.

Bei Verstoß gegen Vorbehalt des Gesetzes: Maßnahme rechtswidrig

c) Fehlt es an einer nach dem Grundsatz vom Vorbehalt des Gesetzes (ggf. des sog. Parlamentsvorbehalts) erforderlichen gesetzlichen Grundlage, so ist die Verwaltungsmaßnahme ebenso **rechtswidrig**, wie wenn sie gegen eine vorhandene Rechtsnorm verstößt.

Das automatische Scannen von Kfz-Kennzeichen ist rechtswidrig, wenn lediglich eine allgemein gehaltene Ermächtigungsgrundlage zur Datenerhebung vorhanden ist.

Ausnahme: Chaosgedanke

Ausnahmsweise ist dem Gesetzgeber jedoch für die Schaffung der erforderlichen Regelung ein **Übergangszeitraum** einzuräumen. Trotz Fehlens der erforderlichen gesetzlichen Grundlage ist dann die Maßnahme gleichwohl hinzunehmen, um eine sonst drohende Funktionsunfähigkeit staatlicher Einrichtungen zu vermeiden. Diese stünde der verfassungsmäßigen Ordnung noch ferner als die vorübergehende Hinnahme gesetzlich nicht ausreichend legitimierter, aber legitimierbarer Eingriffe (sog. **Chaosgedanke**).

In einer Übergangszeit ist der Rückgriff auf die polizeiliche Generalklausel für eine Dauerobservation von hochgradig rückfallgefährdeten Sexual- und Gewaltstraftätern zulässig, bis der Gesetzgeber die erforderliche detaillierte Ermächtigungsgrundlage geschaffen hat (vgl. OVG NRW RÜ 2013, 655, 660).

Vorbehalt des Gesetzes

- **Herleitung:** Rechtsstaats- und Demokratieprinzip (Art. 20 Abs. 1 u. Abs. 3 GG), Grundrechte
- **Anwendungsbereich**
  - kein Totalvorbehalt
  - belastende Maßnahmen
  - wesentliche Entscheidungen
- **Rechtsfolgen**
  - wirksame gesetzliche Grundlage erforderlich
    - untergesetzliche Normen (RechtsVO, Satzung) grds. ausreichend
    - Ausnahme: Parlamentsvorbehalt erfordert förmliches Gesetz
  - fehlt die erforderliche Rechtsgrundlage: Verwaltungshandeln grds. rechtswidrig
  - ggf. Ausnahme für Übergangszeit („Chaosgedanke")

Rechtmäßigkeit des Verwaltungsakts

3. Abschnitt

II. Auswahl der Ermächtigungsgrundlage

1. Spezialitätsgrundsatz

Bei der Frage nach der einschlägigen Ermächtigungsgrundlage ist gedanklich nach dem **Spezialitätsgrundsatz** vorzugehen. Spezialgesetze gehen den allgemeinen Gesetzen vor, wobei (wegen Art. 31 GG) **spezielle Bundesgesetze** (z.B. BauGB, BImSchG) vor **speziellen Landesgesetzen** (z.B. LBauO, LImSchG) zu prüfen sind. Sind Spezialregelungen nicht vorhanden, ist auf die **allgemeinen Gesetze** zurückzugreifen (z.B. PolG, VwVfG).

Spezialitätsgrundsatz:
- spez. Bundesgesetze
- spez. Landesgesetze
- allg. Landesgesetze

Ermächtigungsgrundlage für eine gewerberechtliche Untersagungsverfügung ist z.B. § 35 Abs. 1 GewO, für eine bauordnungsrechtliche Beseitigungsverfügung die Vorschrift in der jeweiligen LBauO, für einen Platzverweis das PolG.

2. VA-Befugnis

Damit eine Vorschrift als Ermächtigungsgrundlage für einen (belastenden) VA in Betracht kommt, muss sie zwei Voraussetzungen erfüllen:

- Sie muss die **materiellen Voraussetzungen** für das Verwaltungshandeln (den **Tatbestand**) regeln und

- sie muss als **Rechtsfolge** die Befugnis zum Erlass eines VA vorsehen (sog. **VA-Befugnis**). Hierbei ist die Rspr. allerdings sehr großzügig:

VA-Befugnis

  - In weiten Teilen ist die VA-Befugnis **gewohnheitsrechtlich** anerkannt (insbes. im Polizei- und Ordnungsrecht).

  - Soweit Vorschriften nur Verhaltensregeln enthalten (z.B. § 32 StVO) ist für die VA-Befugnis auf die ordnungs- bzw. polizeirechtliche Generalklausel zurückzugreifen (sog. **unselbstständige Verfügung**).

  - Im Übrigen darf die Behörde nach h.Rspr. in einem **Über-/ Unterordnungsverhältnis** gewohnheitsrechtlich auch ohne besondere Ermächtigung Regelungen durch VA treffen.

a) Problematisch ist die VA-Befugnis insbes. dann, wenn es darum geht, ob die Behörde eigene Ansprüche (z.B. auf Erstattung von Geld) durch **Leistungsbescheid** durchsetzen darf. Die Rspr. bejaht dies, wenn der **konkret geltend gemachte Anspruch** aus einem Über-/Unterordnungsverhältnis resultiert. Der VA sei die typische Handlungsform der Verwaltung, um öffentlich-rechtliche Pflichten zu konkretisieren. Wird eine Leistung aufgrund eines VA gewährt,

VA-Befugnis gewohnheitsrechtlich bei Über-/ Unterordnungsverhältnis

21

so kann die Leistung (wenn sie ohne Rechtsgrund erfolgt ist), auch durch VA zurückgefordert werden (sog. **Kehrseitentheorie**)

Beispiel: Wird ein Subventionsbescheid mit Wirkung für die Vergangenheit zurückgenommen oder widerrufen, besteht nach § 49 a Abs. 1 S. 1 VwVfG ein öffentlich-rechtlicher Erstattungsanspruch. Dieser wird durch schriftlichen VA geltend gemacht (§ 49 a Abs. 1 S. 2 VwVfG).

Nach der Gegenmeinung sind Leistungsbescheide nur zulässig, wenn im Gesetz die Handlungsform des VA (ausdrücklich oder konkludent) vorgesehen ist. Ist dies, wie z.B. bei Schadensersatzansprüchen nicht der Fall, werde die Rechtsstellung des Bürgers durch den Erlass des VA verschlechtert. Der VA zwinge ihn zur Gegenwehr, um die Bestandskraft des VA zu verhindern. Werde der Bescheid unanfechtbar, könne er nach dem Verwaltungsvollstreckungsrecht durchgesetzt werden. Wegen der **Titel- und Vollstreckungsfunktion** bedürfe das Vorgehen durch VA im Hinblick auf Art. 20 Abs. 3 GG stets einer besonderen gesetzlichen Ermächtigung.

! *Eine **konkludente VA-Befugnis** besteht z.B., wenn im Verwaltungsvollstreckungsrecht vorgesehen ist, dass ein Kostenerstattungsanspruch „beigetrieben" werden kann. Denn die Beitreibung setzt den Erlass eines Leistungsbescheids voraus.*

Keine VA-Befugnis bei privatrechtlichen Ansprüchen und beim ör Vertrag

b) Unstreitig **keine VA-Befugnis** besteht

▪ bei **privatrechtlichen Ansprüchen** und

▪ bei Ansprüchen aus einem **öffentlich-rechtlichem Vertrag** (§§ 54 ff. VwVfG).

Hat sich die Behörde durch Abschluss eines öffentlich-rechtlichen Vertrages (§ 54 VwVfG) auf die Ebene der Gleichordnung begeben, darf sie im Nachhinein nicht einseitig hoheitlich durch VA handeln.

III. Wirksamkeit der Ermächtigungsgrundlage

1. Ist eine gesetzliche Vorschrift vorhanden, kann sie nur dann Ermächtigungsgrundlage für den VA sein, wenn sie **wirksam** ist.

Vgl. dazu Basiswissen Staatsorganisationsrecht

▪ Handelt es sich um ein (formelles) **Parlamentsgesetz**, so muss das Gesetz formell und materiell verfassungsgemäß sein.

Das Gesetz muss daher insbes. von der Gesetzgebungskompetenz des Bundes bzw. des Landes umfasst und in einem ordnungsgemäßen Gesetzgebungsverfahren zustande gekommen sein und darf auch materiell nicht gegen die Verfassung (insbes. die Grundrechte und die Prinzipien des Art. 20 GG) verstoßen. Hält das Verwaltungsgericht ein formelles Gesetz für verfassungswidrig, so hat es das Verfahren auszusetzen und die Entscheidung des BVerfG einzuholen (konkrete Normenkontrolle nach Art. 100 Abs. 1 GG).

Rechtmäßigkeit des Verwaltungsakts

3. Abschnitt

■ Beruht der VA nicht unmittelbar auf einem (formellen) Gesetz, sondern auf einer **RechtsVO** oder einer **Satzung**, so ist an dieser Stelle auch zu prüfen, ob die RechtsVO oder Satzung ihrerseits wirksam ist (sog. dreistufiger Aufbau).

Dreistufiger Aufbau, wenn VA auf einer Rechts-VO oder Satzung beruht.

Beispiel: Aufgrund einer RechtsVO wird dem A durch VA der Genuss von Alkohol in der Öffentlichkeit untersagt.

1. Stufe: Der **VA** ist nur rechtmäßig, wenn die Ermächtigungsgrundlage in der RechtsVO wirksam ist.

2. Stufe: Die Ermächtigungsgrundlage ist nur wirksam, wenn die **Rechts-VO** rechtmäßig ist.

3. Stufe: Die RechtsVO kann nur rechtmäßig sein, wenn das zum Erlass der RechtsVO ermächtigende **Gesetz** seinerseits wirksam (verfassungsgemäß) ist.

2. Ist Rechtsgrundlage für den VA eine **untergesetzliche Rechtsnorm**, (RechtsVO, Satzung) kann auch fraglich sein, ob die Vorschrift dem Vorbehalt des Gesetzes genügt oder ob aufgrund des Parlamentsvorbehalts eine Regelung in einem formellen Gesetz erforderlich ist (s.o. S. 19).

Ausnahme bei Parlamentsvorbehalt

3. Fehlt es an einer wirksamen oder ausreichenden Ermächtigungsgrundlage, so ist der **Verwaltungsakt** schon aus diesem Grund **rechtswidrig** (ggf. mit Ausnahmen während eines Übergangszeitraums, s.o. S. 20). Bestehen keine Bedenken, so sind sodann die formellen und materiellen Rechtmäßigkeitsvoraussetzungen in Bezug auf die Ermächtigungsgrundlage zu prüfen.

Ermächtigungsgrundlage

■ **Erforderlich** nach dem Grundsatz vom **Vorbehalt des Gesetzes**, auch für VA-Befugnis
- belastende Maßnahmen
- wesentliche Entscheidungen

■ **Auswahl** nach Spezialitätsgrundsatz
- spezielles Bundesrecht
- spezielles Landesrecht
- allgemeines Landesrecht

■ **Wirksamkeit** der Ermächtigungsgrundlage (bei Bedenken)
- Vereinbarkeit mit höherrangigem Recht
- bei untergesetzlicher Norm: Vereinbarkeit mit Parlamentsvorbehalt

23

Check: Ermächtigungsgrundlage

1. Unter welchen Voraussetzungen ist ein VA rechtmäßig?

1. Ein VA ist rechtmäßig, wenn
- er auf einer wirksamen Ermächtigungsgrundlage beruht,
- die Zuständigkeits-, Verfahrens- und Formvorschriften eingehalten sind (formelle Rechtmäßigkeit) und
- der VA inhaltlich mit dem geltenden Recht im Einklang steht (materielle Rechtmäßigkeit).

2. Wann bedarf eine Verwaltungsmaßnahme einer Ermächtigungsgrundlage?

2. Ob eine Ermächtigungsgrundlage erforderlich ist, beurteilt sich nach dem Grundsatz vom Vorbehalt des Gesetzes (Art. 20 Abs. 3 GG). Bejaht wird dies für belastende Maßnahmen und alle wesentlichen, insbes. grundrechtsrelevanten Entscheidungen (sog. Wesentlichkeitstheorie).

3. Was verlangt der sog. Parlamentsvorbehalt?

3. Die dem Parlamentsvorbehalt unterfallenden (wesentlichen) Fragen muss der Gesetzgeber selbst in einem Gesetz regeln und darf sie nicht auf den Verordnungs- oder Satzungsgeber übertragen.

4. Was sind Verwaltungsvorschriften?

4. Verwaltungsvorschriften regeln das Verhältnis innerhalb einer Behörde oder zwischen verschiedenen Behörden. Sie haben nur verwaltungsinterne Bedeutung und sind mangels Außenwirkung keine Gesetze i.S.d. Art. 20 Abs. 3 GG, sondern bloßes Innenrecht.

5. Nennen Sie die wichtigsten Arten der Verwaltungsvorschriften!

5. Besondere Bedeutung haben norminterpretierende, und normkonkretisierende Verwaltungsvorschriften sowie Ermessensrichtlinien.

6. Wie erlangen Ermessensrichtlinien mittelbar Außenwirkung?

6. Ermessensrichtlinien bewirken eine Selbstbindung der Verwaltung, sodass Art. 3 Abs. 1 GG eine sachlich nicht gerechtfertigte Abweichung von den Richtlinien verbietet.

7. Was versteht man unter der „VA-Befugnis" und woraus lässt sich diese ableiten?

7. Unter VA-Befugnis versteht man das Recht der Behörde, in der Form eines VA zu handeln. Diese ist im Bereich der Eingriffsverwaltung weitgehend gewohnheitsrechtlich anerkannt, kann sich aus der Kehrseitentheorie ergeben und nach h.Rspr. auch aus einem Über-/Unterordnungsverhältnis.

8. Welche Reihenfolge gilt für die Auswahl der Ermächtigungsgrundlage?

8. Ermächtigungsgrundlagen können sich vorrangig aus speziellen Bundesgesetzen bzw. speziellen Landesgesetzen, subsidiär aus allgemeinen Landesgesetzen ergeben.

B. Formelle Rechtmäßigkeit

Formell rechtmäßig ist ein VA, wenn er von der zuständigen Behörde in einem ordnungsgemäßen Verfahren formgerecht erlassen worden ist.

Aufbauschema: Formelle Rechtmäßigkeit
■ **Zuständigkeit**
■ **ordnungsgemäßes Verfahren**
■ **Form**

Die formellen Rechtmäßigkeitsvoraussetzungen ergeben sich vorrangig aus Spezialgesetzen, subsidiär aus dem Verwaltungsverfahrensgesetz (VwVfG).

Die Zuständigkeit zum Erlass einer Baugenehmigung ist zumeist in der Landesbauordnung (LBauO) geregelt. Greifen keine spezialgesetzlichen Vorschriften ein, ist grds. das VwVfG einschlägig (mit Ausnahmen nach § 2 VwVfG). Dabei gilt das VwVfG des Bundes, wenn eine Bundesbehörde handelt, während bei Maßnahmen von Landesbehörden das LVwVfG anzuwenden ist, auch wenn diese Bundesrecht ausführen (vgl. § 1 Abs. 3 VwVfG).

I. Zuständigkeit

Zur Zuständigkeit der Behörde gehört die Prüfung der sachlichen, der instanziellen und der örtlichen Zuständigkeit.

1. Sachliche Zuständigkeit

Die Zuständigkeit knüpft primär an einen bestimmten **Aufgabenbereich** an (sog. sachliche Zuständigkeit). Hierbei ist nach Verbandskompetenz und Organkompetenz zu unterscheiden:

Sachliche Zuständigkeit:
- Verbandskompetenz
- Organkompetenz

■ Da jedes behördliche Handeln einer juristischen Person des öffentlichen Rechts zugerechnet werden muss, ist zunächst festzustellen, welcher Verwaltungsträger die Aufgabe wahrzunehmen hat (sog. **Verbandskompetenz**).

■ Ein Verwaltungsträger kann mehrere **Behörden** haben. Es muss deshalb bestimmt werden, welche Behörde die sachlich umschriebene Aufgabe konkret wahrzunehmen hat (sog. **Organkompetenz**).

Der Erlass von VAen der Gemeinde erfolgt i.d.R. durch den Bürgermeister (Gemeindeverwaltung). Der Gemeinderat ist lediglich für die interne Willensbildung zuständig. Bei Straßenumbenennungen trifft dagegen der Rat die Regelung mit Außenwirkung, sodass er das zuständige Organ ist.

2. Instanzielle Zuständigkeit

Instanzielle Zuständigkeit bei mehreren Behörden auf verschiedenen Ebenen

Hat der Verwaltungsträger Behörden auf verschiedenen Ebenen, so ist die sog. **instanzielle Zuständigkeit** festzulegen. In der Regel ist die Zuständigkeit der jeweils unteren Instanz zugewiesen. Die vorgesetzte Behörde darf dann nur ausnahmsweise bei einem sog. **Selbsteintrittsrecht** tätig werden.

Beispiel: Der Landrat wird als untere Verwaltungsbehörde tätig, die Bezirksregierung ist Landesmittelbehörde und das Innenministerium ist oberste Landesbehörde.

3. Örtliche Zuständigkeit

Örtliche Zuständigkeit bei räumlicher Begrenzung

Die örtliche Zuständigkeit muss festgelegt werden, wenn es mehrere gleichartige Behörden mit räumlich begrenztem Zuständigkeitsbereich gibt. Fehlen Spezialgesetze, so gilt hierfür § 3 VwVfG.

Beispiel: Für die Erteilung einer Baugenehmigung ist – vorbehaltlich einer speziellen Regelung in der LBauO – die Behörde zuständig, in deren Bezirk sich das Baugrundstück befindet (§ 3 Abs. 1 Nr. 1 VwVfG).

II. Verfahren

Die wesentlichen **Verfahrensregeln** finden sich in §§ 20 ff. VwVfG:

- Ausschluss wegen Befangenheit (§§ 20, 21 VwVfG),
- Erforderlichkeit eines Antrags (§ 22 S. 2 VwVfG),
- Untersuchungsgrundsatz (§ 24 VwVfG),
- Anhörung der Beteiligten (§ 28 VwVfG).

Anhörung (§ 28 VwVfG) bei belastendem VA

1. Praktische Bedeutung hat vor allem die **Anhörung**. Bevor ein VA erlassen wird, der in Rechte eines Beteiligten (§ 13 VwVfG) eingreift, ist diesem Gelegenheit zu geben, sich zu den für die Entscheidung erheblichen Tatsachen zu äußern (§ 28 Abs. 1 VwVfG). Unproblematisch ist dies bei **belastenden VAen**. Bei der Ablehnung eines **begünstigenden VA** ist nach h.Rspr. eine gesonderte Anhörung nicht erforderlich, da durch die Ablehnung nicht in bestehende Rechte eingegriffen, sondern lediglich ein Mehr an Rechten verweigert wird. Ein Teil der Lit. hält dagegen auch in diesen Fällen die Anhörung für erforderlich, da das Unterbleiben einer Begünstigung für den Bürger ebenso schwerwiegend sein kann wie ein Eingriff.

Entbehrlichkeit der Anhörung (§ 28 Abs. 2 VwVfG)

2. Unter den Voraussetzungen des § 28 Abs. 2 VwVfG kann von der **Anhörung abgesehen** werden, insbesondere bei Gefahr im Verzug, bei Allgemeinverfügungen und bei Maßnahmen in der Verwaltungsvollstreckung. Anders als im Fall des § 28 Abs. 3 VwVfG ("unterbleibt") steht der Verzicht auf die Anhörung nach § 28 Abs. 2 VwVfG im **Ermessen** der Behörde (vgl. „kann"), d.h. die Behörde muss hierüber unter Abwägung aller Umstände eine ermessensfehlerfreie Entscheidung treffen. Übt die Behörde ihr Ermessen nicht aus, ist die Anhörung trotz Vorliegens der Voraussetzungen des § 28 Abs. 2 VwVfG nicht entbehrlich und der gleichwohl ergangene VA grds. formell rechtswidrig.

Umstritten ist, ob die Behörde darüber hinaus verpflichtet ist, den Verzicht auf die Anhörung nach § 28 Abs. 2 VwVfG **besonders zu begründen**. Da es sich bei der Entscheidung, von der Anhörung abzusehen, nicht um einen VA, sondern um eine bloße verfahrensbegleitende Entscheidung handelt, unterliegt sie nicht unmittelbar dem Begründungszwang nach § 39 VwVfG. Gleichwohl wird überwiegend angenommen, die Behörde sei im Hinblick auf Art. 19 Abs. 4 GG (Effektivität des Rechtsschutzes) gehalten, die Gründe für ihre Entscheidung analog § 39 VwVfG darzulegen.

Begründung des Verzichts auf die Anhörung

III. Form

1. Grundsatz der Formfreiheit

Eine bestimmte **Form** ist für den VA grds. nicht vorgeschrieben. Ein VA kann daher schriftlich, elektronisch, mündlich oder in anderer Weise (auch konkludent) erlassen werden, § 37 Abs. 2 VwVfG. Jedoch gibt es in Spezialvorschriften zahlreiche Formerfordernisse.

VA grds. formfrei

Beispiele: Schriftform bei ausländerrechtlichen Maßnahmen (§ 77 AufenthG), Erteilung der Fahrerlaubnis durch Führerschein (§ 4 Abs. 2 FeV), Ernennung zum Beamten durch Aushändigung einer Urkunde (§ 8 Abs. 2 BeamtStG).

2. Elektronischer VA

Eine durch Rechtsvorschrift angeordnete Schriftform kann, soweit nicht etwas anderes bestimmt ist, durch die elektronische Form ersetzt werden (sog. **elektronischer VA**, § 3 a Abs. 2 VwVfG).

Gesetzlicher Ausschluss z.B. in § 38 a StAG.

Die Übermittlung elektronischer VAe ist nach § 3 a Abs. 1 VwVfG nur zulässig, wenn der Empfänger hierfür einen Zugang eröffnet. Beim Bürger reicht dafür, anders als z.B. bei Rechtsanwälten, die Angabe der E-Mail-Adresse allein nicht aus. Für die elektronische Bekanntgabe gilt § 41 Abs. 2 S. 2 VwVfG, für die Bekanntgabe durch Datenabruf von einer Online-Plattform § 41 Abs. 2a VwVfG.

Neuerdings kann ein Verwaltungsakt nach § 35 a VwVfG auch ohne menschliches Zutun **vollständig durch automatische Einrichtungen** erlassen werden, sofern dies durch Rechtsvorschrift zugelassen ist und weder ein Ermessen noch ein Beurteilungsspielraum besteht (sog. **E-VA**).

3. Begründung des VA

Begründung (§ 39 VwVfG)

Zur Form des VA im weiteren Sinne zählt auch das Erfordernis einer **Begründung** nach § 39 VwVfG. Nach § 39 Abs. 1 VwVfG ist ein schriftlicher oder schriftlich bestätigter VA grundsätzlich **schriftlich** zu begründen. Entsprechendes gilt für elektronische oder elektronisch bestätigte Verwaltungsakte. In den Fällen des § 39 Abs. 2 VwVfG ist die Begründung **entbehrlich** (insbes. wenn die Behörde einem Antrag entspricht, dem Bürger die behördliche Auffassung bereits bekannt ist oder bei Allgemeinverfügungen).

Umfang der Begründung

Zum **Umfang** der Begründung bestimmt § 39 Abs. 1 S. 2 VwVfG, dass die für die Entscheidung der Behörde wesentlichen tatsächlichen und rechtlichen Gründe mitzuteilen sind. Die Begründung von Ermessensentscheidungen soll außerdem die Gesichtspunkte erkennen lassen, von denen die Behörde bei der Ausübung ihres Ermessens ausgegangen ist (§ 39 Abs. 1 S. 3 VwVfG). Dabei ist für die formelle Rechtmäßigkeit **nicht entscheidend**, ob die **Begründung zutreffend** ist, sondern allein, dass diejenigen Tatsachen und rechtlichen Erwägungen angegeben werden, die nach Ansicht der Behörde den VA rechtfertigen. Ob die Begründung den VA tatsächlich rechtfertigt, ist vielmehr eine Frage der materiellen Rechtmäßigkeit.

4. Rechtsbehelfsbelehrung

Rechtsbehelfsbelehrung kein Rechtmäßigkeitserfordernis

Das Erfordernis einer **Rechtsbehelfsbelehrung** (§ 37 Abs. 6 VwVfG) ist **keine Rechtmäßigkeitsvoraussetzung** des VA. Ihr Fehlen oder ihre Unrichtigkeit führt nicht zur Rechtswidrigkeit des VA, sondern nur dazu, dass die Monatsfrist für den Rechtsbehelf nach §§ 70, 74 VwGO nicht zu laufen beginnt. Stattdessen gilt die Jahresfrist des § 58 Abs. 2 VwGO (s.u. S. 115).

IV. Rechtsfolgen formeller Fehler

1. Heilung

Heilung formeller Fehler nach § 45 VwVfG

Formelle Fehler machen den VA grds. **rechtswidrig**. Allerdings können bestimmte Form- und Verfahrensfehler, die nicht zur Nichtigkeit nach § 44 VwVfG führen, nach § 45 VwVfG **geheilt** werden, und zwar auch noch während des gerichtlichen Verfahrens (§ 45 Abs. 2 VwVfG). So kann z.B. ein Verstoß gegen die Anhörungspflicht nach § 28 Abs. 1 VwVfG dadurch geheilt werden, dass die **Anhörung nachgeholt** wird (§ 45 Abs. 1 Nr. 3 VwVfG). Hierfür ist kein besonderes Verfahren erforderlich, sondern ausreichend ist z.B., dass der Betroffene im **Widerspruchsverfahren** Stellung nehmen kann und die Widerspruchsbehörde die Stellungnahme bei ihrer Entscheidung berücksichtigt. Nach h.Rspr. gilt dies auch bei Ermessensakten, während die Gegenansicht in diesem Fall eine Entscheidung der Ausgangsbehörde für erforderlich hält, da dem Betroffenen sonst eine Ermessensebene genommen würde. Ebenso kann nach der Rspr. die Stellungnahme im **gerichtlichen Verfahren** ausreichen, wenn sich die Behörde nicht nur auf die Verteidigung der angefochtenen Entscheidung beschränkt, sondern die Stellungnahme des Bürgers zum Anlass nimmt, ihre Entscheidung kritisch zu überdenken. Auch ihre **Ermessenserwägungen** kann die Behörde noch im gerichtlichen Verfahren ergänzen (§ 114 S. 2 VwGO).

2. Unbeachtlichkeit

Ist eine Heilung nach § 45 VwVfG nicht möglich oder nicht erfolgt, so ist die Verletzung von Vorschriften über das Verfahren, die Form oder die örtliche Zuständigkeit nach § 46 VwVfG **unbeachtlich**, wenn offensichtlich ist, dass die Verletzung die Entscheidung in der Sache nicht beeinflusst hat. Es muss also an der **Kausalität** des Fehlers für den Inhalt der Entscheidung **fehlen**. Dies gilt vor allem bei gebundenen Entscheidungen, bei Ermessensentscheidungen nur, wenn jede Möglichkeit ausgeschlossen ist, dass die Entscheidung bei Einhaltung der Vorschriften anders ausgefallen wäre.

Unbeachtlichkeit formeller Fehler (§ 46 VwVfG)

Beispiel: Ist der Betroffene ungeeignet zum Führen von Kraftfahrzeugen, so muss ihm die Fahrerlaubnis in jedem Fall entzogen werden (§ 3 Abs. 1 StVG). Ein Verstoß gegen § 28 Abs. 1 VwVfG ist deshalb nach § 46 VwVfG unbeachtlich.

C. Materielle Rechtmäßigkeit

Aufbauschema: Materielle Rechtmäßigkeit
■ **Voraussetzungen der Ermächtigungsgrundlage**
■ **richtiger Adressat**
■ **allgemeine Rechtmäßigkeitsanforderungen**
■ Bestimmtheit
■ Möglichkeit
■ Verhältnismäßigkeit
■ **zulässige Rechtsfolge**

29

I. Voraussetzungen der Ermächtigungsgrundlage

1. Damit der VA materiell rechtmäßig ist, müssen die **tatbestandlichen Voraussetzungen** der Ermächtigungsgrundlage vorliegen. Die materiellen Voraussetzungen ergeben sich in erster Linie aus **Spezialgesetzen**.

- Nach § 3 Abs. 1 StVG hat die Behörde die Fahrerlaubnis zu entziehen, wenn sich der Inhaber als ungeeignet oder nicht befähigt zum Führen von Kraftfahrzeugen erweist. **Ungeeignet** ist, wer nicht die notwendigen körperlichen und geistigen Anforderungen erfüllt oder erheblich oder wiederholt gegen verkehrsrechtliche Vorschriften oder Strafgesetze verstoßen hat (vgl. § 2 Abs. 4 StVG, § 46 Abs. 1 S. 2 FeV).

- Voraussetzung für eine Verfügung zur **Gefahrenabwehr** im Polizeirecht ist das Vorliegen einer Gefahr für die öffentliche Sicherheit. Schutzgüter der öffentlichen Sicherheit sind nach der Rspr. die geschriebene Rechtsordnung, die Individualrechtsgüter des Einzelnen sowie der Staat und die Funktionsfähigkeit seiner Einrichtungen.

Amtsermittlungsgrundsatz (§ 86 Abs. 1 VwGO)

2. Ob die Voraussetzungen für den VA vorliegen, prüft das Gericht in eigener Kompetenz (§ 86 Abs. 1 VwGO). Bei der Prüfung hat es alle einschlägigen Rechtsvorschriften und alle rechtserheblichen Tatsachen **von Amts wegen** zu berücksichtigen, gleichgültig, ob die Normen und Tatsachen von der erlassenden Behörde zur Begründung des VA angeführt worden sind oder nicht. Die Frage, ob ein VA materiell rechtmäßig ist, richtet sich nach dem Recht, das **objektiv geeignet** ist, den VA zu rechtfertigen. Erweist sich der VA aus anderen Gründen, als sie die Behörde angegeben hat, als gerechtfertigt, dann ist der VA – wenn keine anderen Fehler vorliegen – nicht rechtswidrig i.S.d. § 113 Abs. 1 S. 1 VwGO.

Beispiel: Die Behörde erlässt eine Ordnungsverfügung auf der Grundlage des Wasserrechts, zutreffende Ermächtigungsgrundlage ist jedoch eine Vorschrift des Abfallrechts. Die Angabe der falschen Ermächtigungsgrundlage ist unschädlich, wenn sonst kein Rechtsfehler vorliegt.

Nachschieben von Gründen

Deshalb ist die Behörde grds. auch befugt, die Gründe, die sie zunächst zur Rechtfertigung des VA herangezogen hat, die sich aber als unrichtig erwiesen haben, ganz oder teilweise durch andere Gründe auszuwechseln (sog. **Nachschieben von Gründen**). Dabei sind jedoch folgende Einschränkungen zu beachten:

- **Verfahrensrechtlich** darf das Nachschieben von Gründen nicht zur Umgehung von § 45 VwVfG führen.

  Deshalb ist z.B. eine erstmalige Begründung im Prozess nicht zulässig. Eine Heilung ist nur durch Nachholen der Begründung gemäß § 45 Abs. 1 Nr. 2 VwVfG möglich.

- **Materiellrechtlich** darf das Nachschieben von Gründen nicht zu einer Wesensänderung des VA führen.

Rechtmäßigkeit des Verwaltungsakts

3. Abschnitt

Eine Wesensänderung liegt z.B. vor, wenn die Begründung völlig ausgewechselt oder auf eine völlig andere Rechtsgrundlage gestellt wird oder wenn das Ermessen nachträglich erstmals ausgeübt wird.

- **Prozessual** darf das Nachschieben von Gründen nicht dazu führen, dass der Kläger in seiner Rechtsverteidigung beeinträchtigt wird.

  Das heißt insbes., dass der Kläger die Möglichkeit der Stellungnahme zu den neuen von der Behörde vorgetragenen Gründen haben muss.

3. Auch **unbestimmte Rechtsbegriffe** (wie Ungeeignetheit, Unzuverlässigkeit) werden vom Gericht grds. im vollen Umfang überprüft. Ausnahmsweise steht der Behörde ein gerichtlich nur eingeschränkt überprüfbarer **Beurteilungsspielraum** zu. Die h.M. bejaht dies, wenn der einschlägigen Rechtsnorm entweder ausdrücklich oder zumindest durch Auslegung die Entscheidung des Gesetzgebers zu entnehmen ist, dass die Verwaltung ausnahmsweise ermächtigt ist, über das Vorliegen der tatbestandlichen Voraussetzungen eines unbestimmten Rechtsbegriffs abschließend zu entscheiden (normative Ermächtigungslehre).

Beurteilungsspielraum bei unbestimmten Rechtsbegriffen nur ausnahmsweise

a) Bejaht wird ein **gerichtlich nur eingeschränkt** überprüfbarer Beurteilungsspielraum insbes. bei

Fallgruppen:
- *Prüfungsentscheidung*
- *beamtenrechtliche Beurteilung*
- *Prognoseentscheidung*
- *persönliche Bewertung durch Gremium*

- **Prüfungsentscheidungen** und beamtenrechtlichen **Beurteilungen**,

- **Prognoseentscheidungen** und

- Entscheidungen, die von einer **persönlichen Wertung abhängen** und vom Gesetz einem besonderen Gremium übertragen sind.

Beispiele: Prüfungsentscheidungen im juristischen Examen mit Bewertungsspielraum des Prüfers und Antwortspielraum des Prüflings, Feststellung der Eignung, Befähigung und fachlichen Leistung im Beamtenrecht (§ 9 BeamtStG), Beurteilung der Qualität eines Weines durch eine Prüfkommission. Kein Beurteilungsspielraum besteht dagegen bei der Kalkulation von Gebühren oder bei der Prüfung der Zuverlässigkeit eines Gewerbetreibenden.

b) Besteht ausnahmsweise ein Beurteilungsspielraum der Behörde, so ist die verwaltungsgerichtliche Prüfung auf das Vorliegen von **Beurteilungsfehlern** beschränkt. Beurteilungsfehler können sich z.B. aus folgenden Gesichtspunkten ergeben:

Beschränkung der gerichtlichen Prüfung auf Beurteilungsfehler

- Verstoß gegen **Verfahrensvorschriften**,

- **sachfremde Erwägungen**,

- Verstoß gegen das **Willkürverbot**,

- Missachtung **allgemeingültiger Bewertungsgrundsätze**.

31

Prüfungsentscheidungen sind z.B. rechtswidrig, wenn die Chancengleichheit nicht gewährleistet ist (Art. 3 Abs. 1 GG) oder wenn eine vertretbar begründete Lösung als falsch bewertet wird.

II. Adressat

Richtiger Adressat

An **welche Person** ein VA zu richten ist, ist teilweise bereits in der Ermächtigungsgrundlage festgelegt (vgl. z.B. § 35 GewO „Gewerbetreibender" oder § 20 BImSchG „Betreiber der Anlage"). Darüber hinaus finden sich spezielle Adressatenregelungen z.B. in der LBauO (u.a. der Bauherr). Im Polizei- und Ordnungsrecht kommen als Adressaten einer Verfügung der Verhaltensstörer, der Zustandsstörer und ggf. der Nichtstörer (sog. Notstandspflichtiger) in Betracht.

III. Allgemeine Rechtmäßigkeitsvoraussetzungen

Neben den (besonderen) Voraussetzungen, die sich aus der Ermächtigungsgrundlage ergeben, gibt es eine Reihe von Anforderungen, die grds. bei allen VAen zu beachten sind. Diese **allgemeinen Anforderungen** sind entweder spezialgesetzlich geregelt, finden sich im VwVfG oder gelten als allgemeine Grundsätze des Verwaltungsrechts.

Allgemeine Rechtmäßigkeitsanforderungen
■ **Bestimmtheit**
■ tatsächliche und rechtliche **Möglichkeit**
■ **Verhältnismäßigkeit**

1. Bestimmtheit

Bestimmtheit

Nach § 37 Abs. 1 VwVfG muss ein Verwaltungsakt **hinreichend bestimmt** sein. Es muss erkennbar sein, **wer** (erlassende Behörde) **von wem** (Adressat) **was** (Inhalt) verlangt.

Zu unbestimmt ist z.B. die Anordnung, einen „ordnungsgemäßen" Zustand herbeizuführen oder für „ausreichenden" Schallschutz zu sorgen, wenn nicht gleichzeitig der zulässige Lärmwert angegeben wird.

2. Möglichkeit

Rechtliche u. tatsächliche Möglichkeit

Rechtswidrig ist der VA grds. auch dann, wenn er etwas rechtlich oder tatsächlich **Unmögliches** verlangt. Ein VA, den aus **tatsächlichen** Gründen niemand ausführen kann (objektive Unmöglichkeit), ist gemäß § 44 Abs. 2 Nr. 4 VwVfG stets nichtig. Aus **Rechtsgründen** ist ein VA nichtig, der die Begehung einer Straftat der ei-

Rechtmäßigkeit des Verwaltungsakts

3. Abschnitt

ner Ordnungswidrigkeit verlangt (§ 44 Abs. 2 Nr. 5 VwVfG) oder der gegen die guten Sitten verstößt (§ 44 Abs. 2 Nr. 6 VwVfG).

Ist die Verwirklichung der geforderten Maßnahme wegen der Berechtigung eines Dritten **rechtlich unmöglich**, kann dieses Hindernis aber durch eine Duldungsverfügung ausgeräumt werden, so berührt das Fehlen der Duldungsverfügung nicht die Rechtmäßigkeit des Haupt-VA, sondern nur seine Durchsetzbarkeit.

Duldungsverfügung bei rechtlichem Hindernis

Beispiel: Gegen Eigentümer E ergeht eine Beseitigungsverfügung. Gegen Mieter M kann eine Duldungsverfügung ergehen, wenn er als Inhaber der tatsächlichen Gewalt ebenfalls ordnungspflichtig ist.

3. Verhältnismäßigkeit

a) Jede hoheitliche Maßnahme muss **verhältnismäßig** sein. Der Grundsatz der Verhältnismäßigkeit folgt aus dem Rechtsstaatsprinzip (Art. 20 Abs. 3 GG) und der Abwehrfunktion der Grundrechte.

Grundlage: Rechtsstaatsprinzip und Grundrechte

Verhältnismäßigkeit
■ **legitimer Zweck**
■ **Geeignetheit**
■ **Erforderlichkeit**
■ **Angemessenheit**

b) Der Grundsatz der Verhältnismäßigkeit fordert, dass jede staatliche Maßnahme zur Verfolgung eines legitimen Zwecks geeignet, erforderlich und angemessen ist.

■ **Legitim** ist grds. jedes öffentliche Interesse, das verfassungsrechtlich nicht ausgeschlossen ist.

■ Die Maßnahme ist **geeignet**, wenn mit ihrer Hilfe der verfolgte Zweck zumindest gefördert werden kann (er muss also nicht unbedingt erreicht werden).

■ **Erforderlich** ist die Maßnahme nur, wenn der Behörde zur Erreichung des Zwecks kein anderes **gleichwirksames**, aber **weniger belastendes** Mittel zur Verfügung steht.

Beispiel: Ein Versammlungsverbot nach § 15 Abs. 1 VersG ist nicht erforderlich, wenn mildere Mittel (z.B. Erteilung von Auflagen) zur Abwehr der Gefahr ausreichen.

■ **Angemessen** ist die Maßnahme, wenn sie nicht zu Nachteilen führt, die erkennbar außer Verhältnis zum angestrebten Erfolg stehen.

33

1. Teil Allgemeines Verwaltungsrecht

!
Der Schwerpunkt der Verhältnismäßigkeitsprüfung liegt auf der Ange-messenheit der Maßnahme (auch Verhältnismäßigkeit im engeren Sinne). Hier hat eine **umfassende Abwägung** *der betroffenen Rechts-güter und Interessen zu erfolgen. Die Abwägung ist Ausprägung eines wirksamen Grundrechtsschutzes.*

IV. Rechtsfolge

1. Gebundene Entscheidung oder Ermessens-entscheidung

Liegen die Voraussetzungen für den Erlass des VA vor, so ist auf der **Rechtsfolgenseite** danach zu unterscheiden, ob die Behörde zu einem bestimmten Verhalten verpflichtet ist oder ob ihr ein Ermes-sensspielraum zusteht.

Gebundene Entschei-dungen

■ Muss die Verwaltung handeln, so hat sie die vom Gesetz vorge-schriebene Rechtsfolge zwingend zu treffen (sog. **gebundene Entscheidungen**). Das Verwaltungsgericht überprüft vollum-fänglich, ob die Voraussetzungen für die behördliche Maßnah-me vorliegen.

Die Fahrerlaubnis ist zu entziehen, wenn ihr Inhaber ungeeignet zum Füh-ren von Kraftfahrzeugen ist (§ 3 Abs. 1 StVG „hat"). Die Baugenehmigung ist zu erteilen, wenn dem Vorhaben öffentlich-rechtliche (Bau-)Vorschriften nicht entgegenstehen.

Ermessensentschei-dungen:

■ Bei **Ermessensentscheidungen** (die Behörde „kann" oder „darf" handeln) hat die Verwaltung dagegen einen Entscheidungs-spielraum, ob sie überhaupt tätig wird (sog. **Entschließungs-ermessen**) und welche Maßnahme sie ergreift (**Auswahlermes-sen**).

So steht es im Polizeirecht im Entschließungsermessen der Behörde, ob sie überhaupt einschreitet, um eine Gefahr für die öffentliche Sicherheit abzu-wehren. Hat sich die Behörde zum Einschreiten entschlossen, steht es in ihrem Auswahlermessen, welche von mehreren gleichermaßen rechtmäßi-gen Maßnahmen gegenüber wem (bei mehreren Störern) getroffen wird.

2. Ermessensfehler

Bei Ermessensentschei-dungen Einschränkung der gerichtlichen Prüfung auf Ermessensfehler.

Wichtigste **prozessuale Konsequenz** bei Ermessensentscheidun-gen ist die Einschränkung der gerichtlichen Prüfungskompetenz. Das Gericht darf nur die Rechtmäßigkeit des VA überprüfen (§ 113 Abs. 1 S. 1, § 113 Abs. 5 S. 1 VwGO), nicht dessen Zweckmäßigkeit. Bei Ermessensentscheidungen ist die gerichtliche Überprüfung da-her auf **Ermessensfehler** beschränkt (§ 114 S. 1 VwGO).

34

Nach § 40 VwVfG ist das Ermessen entsprechend dem Zweck der Ermächtigung auszuüben und es sind die gesetzlichen Grenzen des Ermessens einzuhalten.

Ein **Ermessensfehler** liegt daher vor, wenn die Behörde

- die gesetzlichen Grenzen des Ermessens überschreitet (**Ermessensüberschreitung**),
- ihr Ermessen überhaupt nicht ausübt (**Ermessensunterschreitung**) oder
- von dem Ermessen in einer dem Zweck der Ermächtigung nicht entsprechenden Weise Gebrauch macht (**Ermessensfehlgebrauch**).

Ermessensfehler
■ **Ermessensüberschreitung**
■ **Ermessensunterschreitung**
■ **Ermessensfehlgebrauch**

a) **Ermessensgrenzen** können sich ergeben unmittelbar aus der das Ermessen einräumenden Norm, aus anderen Rechtsvorschriften (vor allem aus den Grundrechten) und aus dem Grundsatz der Verhältnismäßigkeit.

Jede unverhältnismäßige Maßnahme stellt eine unzulässige Rechtsfolge dar und überschreitet damit die gesetzlichen Grenzen des Ermessens. Deshalb wird der Gesichtspunkt der Verhältnismäßigkeit häufig auch im Rahmen des Ermessens erörtert.

b) Der Ermessensüberschreitung steht die sog. **Ermessensunterschreitung** gleich (auch Ermessensnichtgebrauch oder Ermessensausfall genannt). Ein solcher Nichtgebrauch des Ermessens liegt z.B. vor, wenn die Behörde fälschlicherweise die Voraussetzungen der Ermessensnorm verneint und deshalb das Ermessen gar nicht ausübt oder wenn die Behörde sich irrtümlich für gebunden hält und ihren Ermessensspielraum gar nicht erkannt hat.

Beispiel: Die Behörde meint, rechtswidrige VAe müssten generell aufgehoben werden, obwohl ihr nach § 48 VwVfG grds. Ermessen zusteht.

c) Der praktisch wichtigste Ermessensfehler ist der **Ermessensfehlgebrauch**. Beim Ermessensfehlgebrauch ist nicht das Ergebnis, sondern der gedankliche Weg, auf dem die Behörde zu ihrer Entscheidung gelangt, fehlerhaft. Ein Ermessensfehlgebrauch liegt insbes. vor, wenn die Behörde **sachfremde Erwägungen** anstellt oder den Gleichbehandlungsgrundsatz des Art. 3 Abs. 1 GG missachtet.

	Beispiele sind Verstöße gegen das Willkürverbot oder gegen den Grundsatz der Selbstbindung der Verwaltung (z.B. durch Behördenpraxis oder durch Verwaltungsvorschriften).
Bei gebundenem VA Anspruch auf Erlass des VA	**3.** Handelt es sich bei einer begünstigenden Entscheidung um einen **gebundenen VA** (z.B. Erlass einer Baugenehmigung), so hat der Bürger einen **Anspruch** auf Erlass des VA. Sind die Voraussetzungen für den VA erfüllt, muss die Behörde den VA erlassen.

Beispiel: Die Baugenehmigung ist zu erteilen, wenn dem Vorhaben baurechtliche Vorschriften nicht entgegenstehen. Sind die baurechtlichen Vorschriften eingehalten, muss die Genehmigung erteilt werden. Die Behörde hat kein Ermessen. Der Bürger kann seinen Anspruch durch Verpflichtungsklage (§ 42 Abs. 1 Fall 2 VwGO) durchsetzen. Ist die Klage begründet, verpflichtet das Gericht die Behörde, den begehrten VA zu erlassen (§ 113 Abs. 5 S. 1 VwGO).

Bei ErmessensVA grds. nur Anspruch auf ermessensfehlerfreie Entscheidung	Soweit die Behörde dagegen nach **Ermessen** zu entscheiden hat, steht dem Bürger **kein gebundener Anspruch** auf Erlass des VA zu. Er hat vielmehr nur einen **Anspruch auf ermessensfehlerfreie Entscheidung** über den Erlass des VA. Das heißt: Die Behörde kann den VA erteilen, kann ihn aber auch aus sachlichen Gründen ablehnen. Ist die bisherige Entscheidung der Behörde ermessensfehlerhaft, so kann der Bürger seinen Anspruch auf ermessensfehlerfreie Entscheidung im Wege der Verpflichtungsklage durchsetzen (§ 42 Abs. 1 Fall 2 VwGO). Die Behörde wird im Regelfall jedoch nicht verpflichtet, den VA zu erlassen, sondern nur dazu, über den Antrag des Bürgers unter Beachtung der Rechtsauffassung des Gerichts erneut zu entscheiden (sog. **Bescheidungsurteil**, § 113 Abs. 5 S. 2 VwGO).
Ausnahme: Ermessensreduzierung auf Null	Etwas anderes gilt nur dann, wenn im konkreten Fall alle Entscheidungen bis auf eine ermessensfehlerhaft sind (sog. **Ermessensreduzierung auf Null**). In diesem Fall wandelt sich der Anspruch auf ermessensfehlerfreie Entscheidung um in einen Anspruch auf Erlass des VA. Wann eine solche Ermessensreduzierung anzunehmen ist, lässt sich nicht allgemein feststellen, sondern ist stets eine Frage des Einzelfalls. Hierbei sind vor allem die betroffenen Rechte und Rechtsgüter zu beachten.

So greift z.B. im Polizeirecht eine Ermessensreduzierung bei hoher Gefahrenintensität für besonders wichtige Rechtsgüter, wie Leben und Gesundheit, ein. Ebenso kann sich eine Ermessensreduzierung aus dem Gesichtspunkt der Selbstbindung der Verwaltung ergeben, wenn die Behörde in vergleichbaren Fällen den VA bereits erteilt hat.

Check: Rechtmäßigkeit des VA

1. Welche Gesichtspunkte sind im Rahmen der formellen Rechtmäßigkeit zu prüfen?

1. Die formelle Rechtmäßigkeit umfasst die Prüfungspunkte Zuständigkeit, Verfahren und Form.

2. Worin unterscheiden sich die sachliche, die instanzielle und die örtliche Zuständigkeit?

2. Die sachliche Zuständigkeit knüpft an den zugewiesenen Aufgabenbereich an, die instanzielle Zuständigkeit betrifft die zuständige Verwaltungsebene und die örtliche Zuständigkeit die räumliche Begrenzung des Zuständigkeitsbereichs.

3. Welche Prüfungsschritte ergeben sich typischerweise bei Verfahrensvoraussetzungen?

3. Bei Verfahrensvoraussetzungen ergeben sich i.d.R. folgende Prüfungsschritte:

■ Erforderlichkeit (z.B. §§ 28 Abs. 1, 39 Abs. 1 VwVfG),

■ Entbehrlichkeit (z.B. §§ 28 Abs. 2, 39 Abs. 2 VwVfG),

■ keine Nichtigkeit (§ 44 VwVfG),

■ Heilung (§ 45 VwVfG),

■ Unbeachtlichkeit (§ 46 VwVfG).

4. Wann ist ein VA materiell rechtmäßig?

4. Damit ein VA materiell rechtmäßig ist,

■ müssen die tatbestandlichen Voraussetzungen der Ermächtigungsgrundlage vorliegen,

■ muss er an den richtigen Adressaten gerichtet sein,

■ müssen die allgemeinen Rechtmäßigkeitsanforderungen eingehalten werden und

■ die Behörde muss eine zulässige Rechtsfolge gewählt haben.

5. In welchen Fällen besteht ein sog. Beurteilungsspielraum?

5. Die wichtigsten Fälle für einen Beurteilungsspielraum sind Prüfungsentscheidungen, beamtenrechtliche Beurteilungen und Prognoseentscheidungen.

6. Nennen Sie die wichtigsten allgemeinen Rechtmäßigkeitsanforderungen beim VA!

6. Zu den allgemeinen Rechtmäßigkeitsanforderungen gehören insbes. die Bestimmtheit (§ 37 VwVfG), die rechtliche und tatsächliche Möglichkeit und die Verhältnismäßigkeit.

7. Wann ist eine Maßnahme verhältnismäßig?

7. Verhältnismäßig ist eine Maßnahme nur, wenn sie zur Verfolgung eines legitimen Zwecks geeignet, erforderlich und angemessen ist.

8. Welche Ermessensfehler gibt es?

8. Ermessensfehler sind die Ermessensüberschreitung, die Ermessensunterschreitung (Ermessensnichtgebrauch) und der Ermessensfehlgebrauch.

37

1. Teil | Aufbauschema: Rechtmäßigkeit eines VA

Rechtmäßigkeit eines VA

I. Ermächtigungsgrundlage

- **Vorbehalt des Gesetzes**
  bei belastenden Maßnahmen und wesentlichen Entscheidungen
- **Wirksamkeit** der Ermächtigungsgrundlage

II. Formelle Rechtmäßigkeit

1. Zuständigkeit (sachlich, instanziell, örtlich)

2. Verfahren (§§ 9 ff. VwVfG), insb. **Anhörung**, § 28 VwVfG
- erforderlich bei belastendem VA (§ 28 Abs. 1 VwVfG)
- Ausnahmen nach § 28 Abs. 2 u. Abs. 3 VwVfG

3. Form
- grds. formfrei (§ 37 Abs. 2 VwVfG); Ausn.: Spezialvorschriften
- Begründung (§ 39 VwVfG)

4. Rechtsfolgen formeller Fehler
- grds. rechtswidrig, nur ausnahmsweise nichtig (§ 44 VwVfG)
- ggf. Heilung, § 45 VwVfG
- ggf. Fehler unbeachtlich, § 46 VwVfG

III. Materielle Rechtmäßigkeit

1. Voraussetzungen der Ermächtigungsgrundlage
- grds. vollständige Prüfung, auch bei unbestimmten Begriffen
- Ausnahme: Beurteilungsspielraum

2. Allgemeine Rechtmäßigkeitsvoraussetzungen

a) **Bestimmtheit** (§ 37 Abs. 1 VwVfG)

b) rechtliche und tatsächliche **Möglichkeit**

c) **Verhältnismäßigkeit**
  - **aa)** Legitimer Zweck
  - **bb)** Geeignetheit
  - **bb)** Erforderlichkeit
  - **cc)** Angemessenheit

3. Rechtsfolge

a) **gebundene** Entscheidung ⇨ Verwaltung muss handeln

b) **Ermessensentscheidung** (kann, darf u.a.)
  - ⇨ **Ermessensfehler:**
    - **Ermessensnichtgebrauch** (Ermessensunterschreitung)
    - **Ermessensüberschreitung**
    - **Ermessensfehlgebrauch**

4. Abschnitt: Wirksamkeit des VA

Ein VA wird mit der **Bekanntgabe** und mit dem Inhalt wirksam, mit dem er bekanntgegeben wird (§ 43 Abs. 1 VwVfG), d.h. er löst die Rechtsfolge aus, auf deren Herbeiführung er gerichtet ist, sobald er bekanntgegeben und damit existent geworden ist. Das gilt grds. unabhängig davon, ob der VA rechtmäßig oder rechtswidrig ist.

Auch der rechtswidrige VA ist zunächst wirksam und muss befolgt werden!

Wirksamkeit auch des rechtswidrigen VA

A. Nichtigkeit des VA

Etwas anderes gilt nur dann, wenn der VA (ausnahmsweise) nichtig und damit unwirksam ist (§ 43 Abs. 3 VwVfG). Nichtig ist ein VA nur unter den Voraussetzungen des § 44 Abs. 2 und § 44 Abs. 1 VwVfG.

Nichtigkeit des VA
■ **absolute Nichtigkeitsgründe** nach § 44 Abs. 2 VwVfG
■ **Negativkatalog** nach § 44 Abs. 3 VwVfG
■ **Generalklausel** des § 44 Abs. 1 VwVfG

■ Liegt einer der in § 44 Abs. 2 VwVfG aufgeführten **absoluten Nichtigkeitsgründe** vor, so ist der VA stets unwirksam.

absolute Nichtigkeitsgründe nach § 44 Abs. 2 VwVfG

Beispiele: Ein VA ist nichtig, der die erlassende Behörde nicht erkennen lässt (Nr. 1), den aus tatsächlichen Gründen niemand ausführen kann (Nr. 4) oder der gegen die guten Sitten verstößt (Nr. 6).

■ Demgegenüber begründen die in § 44 Abs. 3 VwVfG aufgeführten Gründe **allein nicht die Nichtigkeit des VA**.

Negativkatalog des § 44 Abs. 3 VwVfG

Beispiele: Ein VA ist nicht schon deshalb nichtig, weil Vorschriften über die örtliche Zuständigkeit nicht eingehalten worden sind (Nr. 1) oder wenn die erforderliche Mitwirkung einer anderen Behörde unterblieben ist (Nr. 4). Diese Fehler machen den VA daher nur rechtswidrig, aber nicht unwirksam.

■ Bei allen anderen Fehlern, die nicht in § 44 Abs. 2 oder Abs. 3 VwVfG ausdrücklich erwähnt sind, gilt die **Generalklausel** des § 44 Abs. 1 VwVfG. Der VA ist (nur) nichtig, soweit er an einem **besonders schwerwiegenden Fehler** leidet und dies bei verständiger Würdigung aller in Betracht kommenden Umstände **offensichtlich** ist.

Generalklausel des § 44 Abs. 1 VwVfG

Beispiele: Nichtig nach § 44 Abs. 1 VwVfG ist ein VA z.B. wenn er inhaltlich widersprüchlich oder nicht hinreichend bestimmt genug ist. Ein Verstoß gegen EU-Recht führt dagegen nicht automatisch zur Nichtigkeit.

39

Die Rechtswidrigkeit eines VA allein führt also nicht generell zu seiner Unwirksamkeit. Vielmehr sind **auch rechtswidrige VAe grds. wirksam** und damit **rechtsverbindlich**, solange der VA nicht von der Behörde oder durch das Gericht aufgehoben worden ist oder sich durch Zeitablauf oder anderweitig erledigt (§ 43 Abs. 2 VwVfG).

B. Tatbestandswirkung

Tatbestandswirkung bewirkt Bindung anderer Behörden und Gerichte.

Hat die Behörde einen wirksamen VA erlassen, so sind andere Behörden und Gerichte an diesen VA gebunden. Der VA hat Tatbestandswirkung. Das bedeutet, dass jede hoheitliche Stelle von dem Tatbestand auszugehen hat, dass eine Behörde eine Regelung durch VA getroffen oder nicht getroffen hat, und dadurch **gebunden** wird.

Beispiel: Der den Führerschein kontrollierende Polizeibeamte muss vom Vorliegen der Fahrerlaubnis ausgehen, solange diese nicht entzogen worden ist (§ 3 Abs. 1 StVG), auch wenn er persönlich den Fahrer für ungeeignet zum Führen von Kraftfahrzeugen hält.

Auch der rechtswidrige, nicht nichtige VA ist wirksam und muss befolgt werden.

Dabei kommt es grds. allein auf die **Wirksamkeit** des VA an, nicht auf seine Rechtmäßigkeit. Auch der rechtswidrige, aber nicht nichtige VA entfaltet Tatbestandswirkung.

Beispiel: Die Rechtmäßigkeit einer Vollstreckungsmaßnahme hängt nicht von der Rechtmäßigkeit, sondern nur von der Wirksamkeit der Grundverfügung ab. Das Abschleppen eines Pkw wegen Verstoßes gegen ein Halteverbot ist also rechtmäßig, auch wenn die Aufstellung des Verkehrszeichens gegen § 45 StVO verstößt.

C. Bekanntgabe

Wirksam wird der VA durch Bekanntgabe (§ 43 Abs. 1 VwVfG), die sich ihrerseits nach § 41 VwVfG richtet. Die Bekanntgabe ist nach dem VwVfG grds. **formlos** möglich. Etwas anderes gilt nur dann, wenn das Gesetz ausdrücklich eine förmliche Zustellung vorschreibt (z.B. beim Widerspruchsbescheid, § 73 Abs. 3 VwGO) oder wenn die Behörde von sich aus (z.B. aus Beweisgründen) eine förmliche Zustellung wählt (§ 41 Abs. 5 VwVfG).

Formlose Bekanntgabe: Drei-Tages-Fiktion nach § 41 Abs. 2 VwVfG

I. Die (formlose) **Bekanntgabe** erfolgt i.d.R. durch die Post (§ 41 Abs. 2 S. 1 VwVfG). Soweit der Empfänger hierfür einen Zugang eröffnet hat (§ 3 a Abs. 1 VwVfG), kann der VA auch elektronisch (z.B. als Datei per E-Mail) übermittelt werden (§ 41 Abs. 2 S. 2 VwVfG). In diesen Fällen gilt der VA grds. am dritten Tag nach der Aufgabe zur Post bzw. nach der Absendung als bekannt gegeben. Dies gilt nicht, wenn der VA nicht oder zu einem späteren Zeitpunkt zugegangen ist (§ 41 Abs. 2 S. 3 VwVfG).

Mit Einwilligung des Beteiligten kann ein elektronischer VA nach § 41 Abs. 2a VwVfG auch dadurch bekannt gegeben werden, dass er auf einer Internet-Plattform zum Abruf bereitgestellt wird (Bekanntgabe durch Datenabruf).

II. Ausnahmsweise darf ein VA **öffentlich bekannt** gegeben werden (z.B. durch öffentlichen Aushang oder im Rundfunk), wenn dies durch Rechtsvorschrift zugelassen ist. Eine Allgemeinverfügung (§ 35 S. 2 VwVfG) darf auch dann öffentlich bekannt gegeben werden, wenn eine individuelle Bekanntgabe an die Beteiligten untunlich ist (§ 41 Abs. 3 VwVfG).

Öffentliche Bekanntgabe, § 41 Abs. 3 u. 4 VwVfG

III. Für die **förmliche Zustellung** gelten die Vorschriften des Verwaltungszustellungsgesetzes (VwZG) bzw. des jeweiligen Landeszustellungsgesetzes (LZG).

Förmliche Zustellung nach VwZG bzw. LZG

Die förmliche Zustellung erfolgt insbes. mit Zustellungsurkunde (§ 3 VwZG), per Einschreiben (§ 4 VwZG) oder gegen Empfangsbekenntnis (§ 5 VwZG).

5. Abschnitt: Aufhebung von Verwaltungsakten

A. Rechtsgrundlagen für die Aufhebung

Ein VA wird nach § 43 Abs. 2 VwVfG **unwirksam**, wenn er zurückgenommen, widerrufen oder anderweitig **aufgehoben** wird. Ein VA kann aufgehoben werden

VA wird unwirksam durch Aufhebung (§ 43 Abs. 2 VwVfG)

- durch **verwaltungsgerichtliches Urteil** (§ 113 Abs. 1 S. 1 VwGO),

- im **Widerspruchsverfahren** durch Abhilfe- oder Widerspruchsbescheid (§§ 72, 73 VwGO) oder

- durch die **Ausgangsbehörde**, insbes. nach §§ 48, 49 VwVfG.

Für die Aufhebung durch die Ausgangsbehörde (außerhalb des Widerspruchsverfahrens) gelten in erster Linie **Spezialvorschriften** aus dem besonderen Verwaltungsrecht.

Aufhebung nach
- *Spezialvorschriften*
- *§ 48 VwVfG*
- *§ 49 VwVfG*

Beispiele: § 12 BeamtStG für die Rücknahme einer Beamtenernennung oder § 35 StAG für die Rücknahme einer erschlichenen Einbürgerung.

Soweit keine Spezialvorschriften bestehen, richtet sich die Aufhebung eines VA nach §§ 48, 49 VwVfG:

- **Rücknahme** (§ 48 VwVfG) ist die Aufhebung eines **rechtswidrigen** VA;

- **Widerruf** (§ 49 VwVfG) ist die Aufhebung eines **rechtmäßigen** VA.

Hinsichtlich der Voraussetzungen für Rücknahme und Widerruf unterscheidet das Gesetz danach, ob der aufzuhebende VA belastend oder begünstigend ist.

41

1. Teil	Allgemeines Verwaltungsrecht

Fallgruppen

Damit sind **vier Fallgruppen** zu unterscheiden:

- die Rücknahme eines **rechtswidrigen belastenden** VA,
- die Rücknahme eines **rechtswidrigen begünstigenden** VA,
- der Widerruf eines **rechtmäßigen belastenden** VA und
- der Widerruf eines **rechtmäßigen begünstigenden** VA.

B. Rücknahme des VA gemäß § 48 VwVfG

I. Rücknahme eines rechtswidrigen belastenden VA

Aufbauschema:
Rücknahme eines rechtswidrigen belastenden VA
1. **Ermächtigungsgrundlage: § 48 Abs. 1 S. 1 VwVfG**   (–) bei spezialgesetzlicher Regelung

2. **Formelle Rechtmäßigkeit**
   a) **Zuständigkeit**
   b) **Verfahren, Form**

3. **Materielle Rechtmäßigkeit**
   a) **Voraussetzung der Ermächtigungsgrundlage:**
     aufzuhebender VA rechtswidrig
   b) **Rechtsfolge: Ermessen**

Keine Voraussetzungen für die Rücknahme eines rechtswidrigen belastenden VA

a) Nach § 48 Abs. 1 S. 1 VwVfG kann ein rechtswidriger VA, auch nachdem er unanfechtbar geworden ist, ganz oder teilweise mit Wirkung für die Zukunft oder für die Vergangenheit zurückgenommen werden. Dabei ist die Rücknahme **rechtswidriger belastender VAe** nach § 48 Abs. 1 S. 1 VwVfG **ohne weitere Voraussetzungen** zulässig.

Beispiele: Rücknahme einer Ordnungsverfügung, Rücknahme einer Beseitigungsverfügung etc.

b) Die Rücknahme rechtswidriger belastender VAe steht nach § 48 Abs. 1 S. 1 VwVfG im **Ermessen** der Behörde (vgl. „kann"). Die Entscheidung der Behörde darf daher nicht ermessensfehlerhaft sein (§§ 40 VwVfG, § 114 VwGO).

Beispiel: Die Rücknahme darf nicht aus sachwidrigen Gründen oder unter Verstoß gegen den Gleichbehandlungsgrundsatz (Art. 3 Abs. 1 GG) erfolgen oder abgelehnt werden.

Der vom VA betroffene Bürger hat nur einen **Anspruch auf ermessensfehlerfreie Entscheidung** über die Rücknahme. Unter dem Gesichtspunkt der Rechtssicherheit ist es grds. zulässig, dass die Behörde die Rücknahme des VA unter Hinweis auf dessen Bestandskraft ablehnt. Nur ausnahmsweise im Fall der **Ermessensreduzierung** kann ein Anspruch auf Rücknahme des rechtswidrigen VA bestehen.

Anspruch auf ermessensfehlerfreie Entscheidung über die Rücknahme

II. Rücknahme eines rechtswidrigen begünstigenden VA

Anders als belastende rechtswidrige VAe dürfen **rechtswidrige begünstigende** VAe **nur unter eingeschränkten Voraussetzungen** zurückgenommen werden. Begünstigend ist nach der **Legaldefinition** des § 48 Abs. 1 S. 2 VwVfG ein VA, der ein Recht oder einen rechtlich erheblichen Vorteil begründet oder bestätigt.

Legaldefinition des begünstigenden VA in § 48 Abs. 1 S. 2 VwVfG

Beispiele: Subventionsbescheid, Baugenehmigung, Fahrerlaubnis etc.

Rechtswidrige begünstigende VAe dürfen nur unter den Voraussetzungen des § 48 Abs. 2 bis 4 VwVfG zurückgenommen werden. Dabei unterscheidet das Gesetz zwischen

Rücknahme rechtswidriger begünstigender VAe nur unter den Voraussetzungen des § 48 Abs. 2–4 VwVfG

- einem rechtswidrigen VA, der eine **einmalige oder laufende Geldleistung** oder teilbare Sachleistung gewährt oder hierfür Voraussetzung ist (§ 48 Abs. 2 VwVfG) und

- **sonstigen rechtswidrigen VAen** (§ 48 Abs. 3 VwVfG).

In beiden Fällen ist die Rücknahme grds. nur **innerhalb eines Jahres** ab Kenntnis der Behörde von den die Rücknahme rechtfertigenden Tatsachen zulässig (§ 48 Abs. 4 VwVfG).

1. Rücknahme eines Geld- o. Sachleistungs-VA

Nach § 48 Abs. 2 S. 1 VwVfG darf ein rechtswidriger VA, der eine einmalige oder laufende **Geldleistung** oder **teilbare Sachleistung** gewährt, **nicht zurückgenommen** werden, soweit der Begünstigte auf den Bestand des VA vertraut hat und sein **Vertrauen** unter Abwägung mit dem öffentlichen Interesse an der Rücknahme **schutzwürdig** ist.

Beim Geldleistungs-VA steht schutzwürdiges Vertrauen der Rücknahme nach § 48 Abs. 2 VwVfG entgegen

- **Schutzwürdig** ist das Vertrauen nach § 48 Abs. 2 S. 2 VwVfG in der Regel,
  - wenn der Begünstigte gewährte **Leistungen verbraucht** oder
  - eine **Vermögensdisposition getroffen** hat, die er nicht mehr oder nur unter unzumutbaren Nachteilen rückgängig machen kann.

	1. Teil Allgemeines Verwaltungsrecht

- **Nicht schutzwürdig** ist das Vertrauen nach § 48 Abs. 2 S. 3 VwVfG, wenn der Betroffene

  - den VA durch arglistige Täuschung, Drohung, Bestechung,

  - oder durch in wesentlicher Beziehung unrichtige oder unvollständige Angaben erwirkt hat

  - oder die Rechtswidrigkeit des VA kannte oder infolge grober Fahrlässigkeit nicht kannte.

- Liegt weder ein Fall des § 48 Abs. 2 S. 2 noch des § 48 Abs. 2 S. 3 VwVfG vor, ist die Schutzwürdigkeit des Vertrauens nach § 48 Abs. 2 S. 1 VwVfG anhand einer **umfassenden Abwägung** des privaten Bestandsinteresses mit dem öffentlichen Interesse an der Rücknahme zu bestimmen.

2. Rücknahme sonstiger begünstigender VAe

Rücknahme sonstiger rechtswidriger begünstigender VAe

Ein rechtswidriger begünstigender VA, der nicht unter § 48 Abs. 2 VwVfG fällt, kann nach § 48 Abs. 1 S. 1 VwVfG zwar **ohne weitere Voraussetzungen** nach Ermessen zurückgenommen werden, jedoch hat die Behörde nach § 48 Abs. 3 VwVfG auf Antrag den **Vermögensnachteil auszugleichen**, den dieser dadurch erleidet, dass er auf den Bestand des VA vertraut hat, soweit sein Vertrauen unter Abwägung mit dem öffentlichen Interesse schutzwürdig ist (§ 48 Abs. 3 VwVfG).

Beispiel: Rücknahme einer rechtswidrigen Baugenehmigung nach Bauausführung.

Vertrauensschutz als Teil der Ermessensentscheidung?

Für das **Rücknahmeermessen** gelten die allgemeinen Voraussetzungen. Umstritten ist allerdings, ob die Behörde beim Ermessen auch das **Vertrauen auf den Bestand** des VA berücksichtigen muss. Teilweise wird aus der abweichenden Regelung in § 48 Abs. 2 VwVfG geschlossen, dass sich im Fall des § 48 Abs. 3 VwVfG der Vertrauensschutz des Betroffenen nicht als Bestandsschutz auswirken könne. Das Vertrauen könne allenfalls einen Ausgleichsanspruch nach § 48 Abs. 3 VwVfG begründen.

Die Gegenansicht verweist darauf, dass im Ermessen **sämtliche Interessen** des Betroffenen, also auch der Vertrauensschutz zu berücksichtigen seien. Das bedeute zwar nicht, dass Vertrauensinteressen, wie im Falle des § 48 Abs. 2 VwVfG, einer Rücknahme generell entgegenstehen können. Das Vertrauen sei aber als schutzwürdiger Belang in die Abwägung mit dem öffentlichen Interesse einzubeziehen. Eine Rücknahme könne daher unzulässig sein, wenn das Vertrauensinteresse das Rücknahmeinteresse überwiege.

Aufhebung von Verwaltungsakten **5. Abschnitt**

3. Rücknahmefrist (§ 48 Abs. 4 VwVfG)

Sowohl in den Fällen des § 48 Abs. 2 VwVfG als auch des § 48 Abs. 3 VwVfG ist die Rücknahme eines rechtswidrigen begünstigenden VA grds. nur **innerhalb eines Jahres** seit dem Zeitpunkt zulässig, in dem die Behörde Kenntnis von den Tatsachen erhält, welche die Rücknahme rechtfertigen (§ 48 Abs. 4 S. 1 VwVfG).

Rücknahmefrist: 1 Jahr bei Kenntnis

Die für die Rücknahme zuständige Behörde muss die die Rücknahme rechtfertigenden Umstände **positiv kennen** (grob fahrlässige Unkenntnis reicht nicht!). Kenntnis muss der für die Rücknahme **zuständige Sachbearbeiter** haben, nicht ausreichend ist die bloß abstrakte Kenntnis der Behörde, z.B. einer für die Rücknahme unzuständigen Abteilung. Nach h.M. fällt unter den Begriff der Tatsache auch ein **Rechtsirrtum** der Behörde. Insoweit ist § 48 Abs. 4 S. 1 VwVfG eine **Entscheidungsfrist**, die erst mit dem Zeitpunkt der Entscheidungsreife zu laufen beginnt (nach a.A. handelt es sich um eine Bearbeitungsfrist ab Kenntnis). Die Frist beginnt also erst zu laufen, wenn der Behörde alle Umstände bekannt sind, die zur sachgemäßen Ermessensausübung erforderlich sind. Deshalb beginnt die Frist z.B. erst nach abgeschlossener Anhörung.

Keine Bearbeitungsfrist, sondern Entscheidungsfrist

Die Rücknahmefrist gilt **nicht**, wenn der VA durch Arglist, Drohung oder Bestechung erwirkt worden ist (§ 48 Abs. 4 S. 2 i.V.m. § 48 Abs. 2 S. 3 Nr. 1 VwVfG). In diesem Fall ist die Rücknahme fristungebunden zulässig.

Keine Rücknahmefrist bei Arglist, Drohung oder Bestechung (§ 48 Abs. 4 S. 2 VwVfG)

Aufbauschema:
Rücknahme eines rechtswidrigen begünstigenden VA

1. **Ermächtigungsgrundlage: § 48 Abs. 1 S. 1 VwVfG**
   (–) bei spezialgesetzlicher Regelung

2. **Formelle Rechtmäßigkeit**

   a) **Zuständigkeit**

   b) **Verfahren, Form** (insbes. §§ 28, 37, 39 VwVfG)

3. **Materielle Rechtmäßigkeit**

   a) **Voraussetzung der Ermächtigungsgrundlage**

       aa) **aufzuhebender VA rechtswidrig**

       bb) **Ausschluss** gemäß § 48 Abs. 1 S. 2 u. Abs. 2 VwVfG

       cc) **Widerrufsfrist:** grds. ein Jahr (§ 48 Abs. 4 S. 1 VwVfG)

   b) **Rechtsfolge: Ermessen**

45

1. Teil　Allgemeines Verwaltungsrecht

4. Besonderheiten bei unionsrechtswidrigen VAen

Bei Beihilfebescheiden besteht kein Vertrauensschutz, keine Rücknahmefrist und kein Ermessen, wenn die EU-Kommission die Unionsrechtswidrigkeit der Beihilfe festgestellt hat.

Bei unionsrechtswidrigen VAen, insbes. Subventionsbescheiden, die gegen die Beihilfevorschriften in Art. 107, 108 AEUV verstoßen, wird **§ 48 VwVfG durch das Unionsrecht überlagert**. Liegt ein bestandskräftiger Beschluss der EU-Kommission vor, dass die Beihilfe unionsrechtswidrig ist (Art. 108 Abs. 2 AEUV), dann dient die Rücknahme vorrangig der Durchsetzung des Unionsrechts. Deshalb ist anerkannt, dass sich der Empfänger abweichend von § 48 Abs. 2 VwVfG nicht auf Vertrauensschutz berufen kann, wenn die Beihilfe der Kommission nicht ordnungsgemäß nach Art. 108 Abs. 3 AEUV angezeigt worden ist (sog. Notifizierungsverfahren). Auch die Rücknahmefrist des § 48 Abs. 4 S. 1 VwVfG ist dann nicht anwendbar und das behördliche Rücknahmeermessen ist auf Null reduziert. Zur effektiven Durchsetzung der Kommissionsentscheidung müssen Rücknahme und Rückforderung zwingend erfolgen, ein Ermessen der Behörde ist i.d.R. ausgeschlossen. Ausnahmen kommen nur nach EU-Recht in Betracht (z.B. bei Unverhältnismäßigkeit).

C. Widerruf des VA gemäß § 49 VwVfG

I. Widerruf eines rechtmäßigen belastenden VA

Keine Voraussetzungen für den Widerruf eines rechtmäßigen belastenden VA

Nach § 49 Abs. 1 VwVfG kann ein **rechtmäßiger nicht begünstigender** VA, auch nachdem er unanfechtbar geworden ist, ganz oder teilweise mit Wirkung für die Zukunft widerrufen werden. Der Widerruf eines rechtmäßigen belastenden VA steht daher im **Ermessen** der Behörde, ohne dass das Gesetz besondere Voraussetzungen aufstellt.

Ausschluss des Widerrufs, wenn Behörde denselben VA erneut erlassen müsste

Der Widerruf ist allerdings **unzulässig**, wenn die Behörde nach dem Widerruf einen mit dem aufgehobenen VA **inhaltsgleichen VA** erneut erlassen müsste oder der Widerruf aus anderen Gründen unzulässig ist (§ 49 Abs. 1 Hs. 2 VwVfG).

Beispiel: Ist G die Gewerbeausübung wegen Unzuverlässigkeit rechtmäßigerweise untersagt worden, so darf die Untersagungsverfügung nach § 49 Abs. 1 VwVfG nicht widerrufen werden. Denn die Behörde müsste sofort eine erneute Untersagungsverfügung erlassen (vgl. § 35 Abs. 1 GewO: „ist ... zu untersagen").

II. Widerruf eines rechtmäßigen begünstigenden VA

Widerruf eines rechtmäßigen VA für die Zukunft oder für die Vergangenheit

Der Widerruf eines **rechtmäßigen begünstigenden VA** ist auch im Rahmen des § 49 VwVfG nur unter engen Voraussetzungen zulässig. Dabei unterscheidet das Gesetz, ob der Widerruf nur **für die Zukunft** (§ 49 Abs. 2 VwVfG) oder auch **für die Vergangenheit** (§ 49 Abs. 3 VwVfG) erfolgen soll.

46

Aufhebung von Verwaltungsakten — 5. Abschnitt

Dem Wortlaut nach ist der Anwendungsbereich des § 49 Abs. 2 u. Abs. 3 VwVfG auf **rechtmäßige** begünstigende VAe beschränkt. Nach h.M. gelten die Regelungen jedoch **analog auch für rechtswidrige** begünstigende VAe. Denn ein rechtswidriger VA kann in seinem Bestand nicht weitergehender geschützt sein als ein rechtmäßiger VA. Die Gegenansicht lehnt eine Analogie ab, da es im Hinblick auf § 48 VwVfG bei rechtswidrigen VAen an einer Regelungslücke fehle. Für die h.M. spricht das praktische Bedürfnis, dass die Behörde keine Nachforschungen anstellen muss, wenn zweifelhaft ist, ob der aufzuhebende VA rechtmäßig oder rechtswidrig ist, aber auf jeden Fall einer der Widerrufsgründe des § 49 Abs. 2 oder Abs. 3 VwVfG vorliegt.

Analoge Anwendung des § 49 Abs. 2 u. 3 VwVfG auf rechtswidrige begünstigende VAe

1. Widerruf für die Zukunft nach § 49 Abs. 2 VwVfG

a) Ein **rechtmäßiger begünstigender VA** kann, auch nachdem er unanfechtbar geworden ist, ganz oder teilweise **mit Wirkung für die Zukunft** widerrufen werden, wenn einer der in § 49 Abs. 2 S. 1 VwVfG abschließend aufgeführten **Widerrufsgründe** vorliegt:

Widerrufgründe nach § 49 Abs. 2 VwVfG beim Widerruf für die Zukunft

- **Nr. 1**, wenn der Widerruf in dem aufzuhebenden VA vorbehalten ist **(Widerrufsvorbehalt)**;

- **Nr. 2**, wenn mit dem VA eine Auflage verbunden ist und der Begünstigte die **Auflage nicht** oder nicht innerhalb einer ihm gesetzten Frist **erfüllt** hat;

- **Nr. 3**, wenn die Behörde aufgrund nachträglich eingetretener Tatsachen berechtigt wäre, den VA nicht zu erlassen, und wenn ohne den Widerruf das öffentliche Interesse gefährdet würde **(Tatsachenänderung)**;

- **Nr. 4**, wenn die Behörde aufgrund einer geänderten Rechtsvorschrift berechtigt wäre, den VA nicht zu erlassen, der Begünstigte von der Vergünstigung noch keinen Gebrauch gemacht oder aufgrund des VA noch keine Leistungen empfangen hat und ohne den Widerruf das öffentliche Interesse gefährdet würde **(Änderung der Rechtslage)**.

- **Nr. 5**, um **schwere Nachteile für das Gemeinwohl** zu verhüten oder zu beseitigen.

b) Für den Widerruf gilt eine **Widerrufsfrist** von einem Jahr nach §§ 49 Abs. 2 S. 2, 48 Abs. 4 S. 1 VwVfG.

Widerrufsfrist

c) Die Behörde hat **Ermessen**, ob, in welchem Umfang und zu welchem Zeitpunkt sie den Widerruf erklärt.

Rechtsfolge: Ermessen

1. Teil Allgemeines Verwaltungsrecht

> **Aufbauschema:**
> **Widerruf eines begünstigenden VA gemäß § 49 Abs. 2 VwVfG**
>
> 1. **Ermächtigungsgrundlage: § 49 Abs. 2 S. 1 VwVfG**
>   (–) bei spezialgesetzlicher Regelung (z.B. § 15 Abs. 2 u. 3 GaststG)
> 2. **Formelle Rechtmäßigkeit**
>   a) **Zuständigkeit**
>   b) **Verfahren, Form** (insbes. §§ 28, 37, 39 VwVfG)
> 3. **Materielle Rechtmäßigkeit**
>   a) **Voraussetzung der Ermächtigungsgrundlage**
>   aa) **aufzuhebender VA rechtmäßig**
>   (analog bei rechtswidrigem VA, str.)
>   bb) **aufzuhebender VA begünstigend**
>   cc) **Widerrufsgrund** gemäß § 49 Abs. 2 S. 1 Nr. 1–5 VwVfG
>   dd) **Widerrufsfrist:** ein Jahr ab Kenntnis
>   (§§ 49 Abs. 2 S. 2, 48 Abs. 4 S. 1 VwVfG)
>   b) **Rechtsfolge: Ermessen, insbes. Verhältnismäßigkeit**

2. Widerruf für die Vergangenheit nach § 49 Abs. 3 VwVfG

Soll ein rechtmäßiger begünstigender VA nicht nur für die Zukunft, sondern **auch für die Vergangenheit** widerrufen werden, muss ein spezieller Widerrufsgrund nach § 49 Abs. 3 S. 1 VwVfG vorliegen.

Widerruf auch für die Vergangenheit nur bei bestimmten VAen

a) § 49 Abs. 3 VwVfG erlaubt den Widerruf für die Vergangenheit **nur bei bestimmten VAen**, nämlich solchen die eine einmalige oder laufende **Geldleistung** oder **teilbare Sachleistung** gewähren oder hierfür Voraussetzung sind (z.B. Subventionsbescheide). Des Weiteren muss die Gewährung **zur Erfüllung eines bestimmten Zwecks** erfolgen oder der VA muss Voraussetzung für die Gewährung einer **zweckbestimmten Leistung** sein.

Widerrufsgründe nach § 49 Abs. 3 VwVfG

b) Widerrufsgründe nach § 49 Abs. 3 S. 1 VwVfG sind

- dass die Leistung nicht, nicht alsbald nach der Erbringung oder nicht mehr für den in dem VA bestimmten **Zweck** verwendet wird oder
- der Begünstigte eine mit dem VA verbundene **Auflage** nicht oder nicht innerhalb einer ihm gesetzten Frist erfüllt hat.

Aufhebung von Verwaltungsakten   **5. Abschnitt**

c) Nach §§ 49 Abs. 3 S. 2, 48 Abs. 4 S. 1 VwVfG gilt eine **Widerrufs-frist** von einem Jahr ab Kenntnis der Behörde von den den Widerruf rechtfertigenden Tatsachen.

Widerrufsfrist

d) Rechtsfolge: Im Rahmen des § 49 Abs. 3 VwVfG kann die Behörde den VA widerrufen und zwar für die Vergangenheit oder für die Zukunft (vgl. „auch"), d.h. die Behörde hat **Ermessen** sowohl hinsichtlich des „Ob" als auch des Umfangs des Widerrufs. Bei Subventionen kommt den **haushaltsrechtlichen Grundsätzen** der Wirtschaftlichkeit und Sparsamkeit (vgl. z.B. § 7 Abs. 1 BHO) eine ermessenslenkende Wirkung zu. Daher ist im Regelfall nur die Entscheidung für den Widerruf ermessensfehlerfrei (sog. **intendiertes Ermessen**). Denn das Gesetz berücksichtigt den Vertrauensschutz bereits bei den Widerrufsgründen. Von dem Widerruf kann daher nur bei besonderen Umständen des Einzelfalls abgesehen werden.

Erfolgt der Widerruf nur für die Zukunft, ist § 49 Abs. 3 VwVfG neben § 49 Abs. 2 VwVfG anwendbar!

Aufbauschema:
Widerruf eines begünstigenden VA gemäß § 49 Abs. 3 VwVfG

1. **Ermächtigungsgrundlage: § 49 Abs. 3 S. 1 VwVfG**

2. **Formelle Rechtmäßigkeit**

    a) **Zuständigkeit**

    b) **Verfahren, Form** (insbes. §§ 28, 37, 39 VwVfG)

3. **Materielle Rechtmäßigkeit**

    a) **Voraussetzung der Ermächtigungsgrundlage**

      aa) **aufzuhebender VA rechtmäßig**
        (analog bei rechtswidrigem VA, str.)

      bb) **aufzuhebender VA** gewährt **Geldleistung oder teilbare Sachleistung**

      cc) **Widerrufsgrund** gemäß § 49 Abs. 3 S. 1 Nr. 1 o. Nr. 2 VwVfG

      dd) **Widerrufsfrist:** ein Jahr ab Kenntnis
        (§§ 49 Abs. 3 S. 2, 48 Abs. 4 S. 1 VwVfG)

    b) **Rechtsfolge: Ermessen, insbes. Verhältnismäßigkeit**

1. Teil Allgemeines Verwaltungsrecht

D. Rückforderung gemäß § 49 a VwVfG

Rückforderungsanspruch bei Rücknahme, Widerruf oder auflösender Bedingung

Soweit ein VA mit Wirkung für die Vergangenheit zurückgenommen oder widerrufen worden ist, sind bereits erbrachte Leistungen zu erstatten (§ 49 a Abs. 1 S. 1 VwVfG). Dasselbe gilt, wenn ein VA durch Eintritt einer auflösenden Bedingung unwirksam geworden ist. Die Leistung ist dann rechtsgrundlos erfolgt, sodass ein (öffentlich-rechtlicher) Erstattungsanspruch besteht. Die zu erstattende Leistung ist nach § 49 a Abs. 1 S. 2 VwVfG **durch schriftlichen VA festzusetzen** (VA-Befugnis).

I. Leistung durch VA

Rückforderung durch VA

§ 49 a Abs. 1 VwVfG setzt voraus, dass eine Leistung auf der **Grundlage eines VA** erbracht worden ist. Das bedeutet, dass Leistungen, die auf einem anderen Rechtsgrund beruhen (z.B. einem öffentlich-rechtlichen oder einem privatrechtlichen Vertrag), nicht nach § 49 a Abs. 1 VwVfG zurückgefordert werden können.

Ist ein öffentlich-rechtlicher Vertrag nichtig, ist § 49 a Abs. 1 VwVfG daher nicht einschlägig. Rechtsgrundlose Leistungen können nur auf der Grundlage des gewohnheitsrechtlich anerkannten allgemeinen öffentlich-rechtlichen Erstattungsanspruchs zurückgefordert werden. Bei privatrechtlichen Verträgen gelten die §§ 812 ff. BGB.

II. Gebundene Entscheidung

Gebundene Entscheidung

Anders als beim Erlass des Rücknahme- oder des Widerrufs-VA nach §§ 48, 49 VwVfG hat die Behörde bei der Rückforderung nach dem Wortlaut des § 49 a Abs. 1 VwVfG **kein Ermessen** („sind ... zu erstatten"). Die Rspr. hält dies für zweifelhaft und verlangt zumindest, dass die Rückforderung nicht gegen den Gleichheitssatz des Art. 3 Abs. 1 GG verstoßen darf. Der Umfang des Erstattungsanspruchs richtet sich gemäß § 49 a Abs. 2 VwVfG nach den Vorschriften über die ungerechtfertigte Bereicherung (§§ 812 ff. BGB).

III. Verzinsung

Verzinsung

§ 49 a Abs. 3 VwVfG schreibt die **Verzinsung** des zu erstattenden Betrages ab Eintritt der Unwirksamkeit des Bewilligungsbescheides vor. Von der Zinspflicht kann bei mangelndem Verschulden abgesehen werden.

Nach § 49 a Abs. 4 S. 1 VwVfG können auch Zwischenzinsen bis zur zweckentsprechenden Verwendung verlangt werden, nach § 49 a Abs. 4 S. 2 VwVfG Zinsen bei verfrühter Inanspruchnahme.

Aufhebung von Verwaltungsakten | **5. Abschnitt**

Aufbauschema: Rückforderung gemäß § 49 a VwVfG

1. **Ermächtigungsgrundlage: § 49 a VwVfG**

2. **Formelle Rechtmäßigkeit**

   a) **Zuständigkeit**

   b) **Verfahren, Form** (insbes. §§ 28, 37, 39 VwVfG)

3. **Materielle Rechtmäßigkeit**

   a) **Voraussetzung der Ermächtigungsgrundlage**

   aa) Rücknahme/Widerruf **für die Vergangenheit** oder Eintritt einer **auflösenden Bedingung**

   bb) Leistung aufgrund des unwirksam gewordenen VA

   b) **Rechtsfolge:**

   aa) gebundene Entscheidung, kein Ermessen (str.) (§ 49 a Abs. 1 S. 1 VwVfG)

   bb) Rückforderung durch VA (§ 49 a Abs. 1 S. 2 VwVfG)

   cc) Umfang gemäß § 49 a Abs. 2 VwVfG i.V.m. § 818 BGB

   dd) Verzinsung (§ 49 a Abs. 3 u. Abs. 4 VwVfG)

E. Wiederaufgreifen des Verfahrens (§ 51 VwVfG)

Ist ein VA unanfechtbar (bestandskräftig), kann er nicht nur auf Initiative der Behörde nach §§ 48, 49 VwVfG aufgehoben werden, auch der Bürger kann einen Anspruch auf Wiederaufgreifen des Verfahrens und auf eine neue Sachentscheidung haben.

Wiederaufgreifen im engeren und im weiteren Sinne

■ Ein **Anspruch auf Wiederaufgreifen** des Verfahrens besteht nur ausnahmsweise unter den engen Voraussetzungen des § 51 Abs. 1 VwVfG **(Wiederaufgreifen im engeren Sinne).**

■ Im Übrigen steht das Wiederaufgreifen des Verfahrens im **Ermessen** der Behörde. Das folgt aus § 51 Abs. 5 VwVfG, wonach die §§ 48 Abs. 1, 49 Abs. 1 VwVfG unberührt bleiben **(Wiederaufgreifen im weiteren Sinne).**

Nach heute herrschendem Verständnis sind in beiden Fällen verfahrensmäßig **zwei Entscheidungen** und damit zwei selbstständige VAe zu unterscheiden:

Zweistufige Entscheidung

■ die **Entscheidung über das Wiederaufgreifen** des Verfahrens, um die Bestandskraft des VA zu überwinden, und

■ die erneute **Entscheidung in der Sache** selbst.

51

I. Wiederaufgreifen im engeren Sinne

Anspruch auf Wiederaufgreifen

1. Nach § 51 Abs. 1 VwVfG besteht ein Anspruch auf Wiederaufgreifen, wenn einer der dort aufgeführten **Wiederaufgreifensgründe** vorliegt.

Beispiele: Nachträgliche Änderung der Sach- oder Rechtslage zugunsten des Betroffenen (Nr. 1) oder Vorliegen neuer Beweismittel (Nr. 2).

Der Anspruch ist durch einen **Antrag** bei der Behörde geltend zu machen. Der Antrag ist nur zulässig, wenn der Betroffene **ohne grobes Verschulden** außerstande war, den Grund für das Wiederaufgreifen in dem früheren Verfahren, insbes. durch Rechtsbehelfe, geltend zu machen (§ 51 Abs. 2 VwVfG). Außerdem besteht eine **Antragsfrist** von drei Monaten nach Kenntnis vom Grund für das Wiederaufgreifen (§ 51 Abs. 3 VwVfG).

Erlass einer erneuten Sachentscheidung (Zweitbescheid)

2. Ist der Antrag auf Wiederaufgreifen zulässig und begründet, so ist die Behörde **verpflichtet**, eine neue Entscheidung in der Sache zu treffen. Für die neue Sachentscheidung (den sog. **Zweitbescheid**) gelten dieselben Vorschriften wie für den Erstbescheid (str.).

Beispiel: Gegen Bauherrn B ist eine bestandskräftige Beseitigungsverfügung ergangen. Als B eine alte Baugenehmigung findet, beantragt er das Wiederaufgreifen des Verfahrens (§ 51 Abs. 1 Nr. 2 VwVfG). Da der Bau aufgrund der legalisierenden Baugenehmigung Bestandsschutz genießt und damit materiell legal ist, darf keine Beseitigungsverfügung ergehen. Die Behörde muss den Erstbescheid aufheben.

II. Wiederaufgreifen im weiteren Sinne

Anspruch auf ermessensfehlerfreie Entscheidung über das Wiederaufgreifen

§ 51 Abs. 5 VwVfG stellt klar, dass die §§ 48, 49 VwVfG unberührt bleiben. Nach §§ 48, 49 VwVfG hat die Behörde die Möglichkeit, jederzeit erneut in der Sache zu entscheiden, auch wenn ein Wiederaufgreifensgrund i.S.d. § 51 Abs. 1 VwVfG nicht besteht. Das Wiederaufgreifen (im weiteren Sinne) steht daher im Ermessen der Behörde. Der Bürger hat einen **Anspruch auf ermessensfehlerfreie Entscheidung**. Einen Anspruch auf eine erneute Entscheidung in der Sache (Zweitbescheid) hat der Bürger in diesem Fall nur bei einer **Ermessensreduzierung auf Null**. Eine Ermessensreduzierung wird von der Rspr. z.B. bejaht, wenn die Aufrechterhaltung des Erstbescheides schlechthin unerträglich wäre, weil die Rechtswidrigkeit des Erstbescheids offensichtlich ist, die Behörde in vergleichbaren Fällen das Verfahren wiederaufgegriffen hat und daher wegen Art. 3 Abs. 1 GG eine Gleichbehandlung geboten ist oder wenn der VA offensichtlich unionsrechtswidrig ist.

Check: Aufhebung eines VA

1. Wonach richtet sich die Rechtmäßigkeit der Aufhebung eines VA?

1. Vorrangig richtet sich die Aufhebung nach Spezialvorschriften (z.B. § 12 BeamtStG). Im Übrigen gilt für die Rücknahme eines rechtswidrigen VA § 48 VwVfG, für den Widerruf eines rechtmäßigen VA § 49 VwVfG.

2. Wann darf ein rechtswidriger belastender VA nicht zurückgenommen werden?

2. Die Rücknahme eines rechtswidrigen belastenden VA ist unzulässig, wenn das nach § 48 Abs. 1 S. 1 VwVfG bestehende Ermessen auf Null reduziert ist, z.B. weil die Behörde (z.B. im Hinblick auf Art. 3 Abs. 1 GG) gehalten ist, den VA nicht aufzuheben.

3. Wann darf ein rechtswidriger begünstigender VA nicht zurückgenommen werden?

3. Ein rechtswidriger begünstigender VA darf nach § 48 Abs. 2 S. 1 VwVfG nicht zurückgenommen werden, wenn

- es sich um einen VA handelt, der eine einmalige oder laufende Geldleistung oder teilbare Sachleistung gewährt oder hierfür Voraussetzung ist,
- der Begünstigte auf den Bestand des VA vertraut hat
- und sein Vertrauen unter Abwägung mit dem öffentlichen Interesse an einer Rücknahme schutzwürdig ist.

4. Welche Grundsätze gelten für den Vertrauensschutz im Rahmen des § 48 Abs. 2 VwVfG?

4. Auf Vertrauen kann sich der Betroffene generell nicht in den Fällen des § 48 Abs. 2 S. 3 VwVfG berufen. Dagegen ist das Vertrauen in den Fällen des § 48 Abs. 2 S. 2 VwVfG i.d.R. schutzwürdig. Ansonsten hat nach § 48 Abs. 2 S. 1 VwVfG eine Abwägung zwischen dem Vertrauensinteresse und dem Rücknahmeinteresse zu erfolgen.

5. Wie bemisst sich die Rücknahmefrist nach § 48 Abs. 4 S. 1 VwVfG?

5. Die Frist beginnt ab positiver Kenntnis des zuständigen Sachbearbeiters von den die Rücknahme rechtfertigenden Tatsachen, d.h. ab Entscheidungsreife.

6. Was unterscheidet die Widerrufsgründe nach § 49 Abs. 2 von denen des § 49 Abs. 3 VwVfG?

6. Liegt ein Widerrufsgrund i.S.d. § 49 Abs. 2 VwVfG vor, kommt nur ein Widerruf für die Zukunft in Betracht, während § 49 Abs. 3 VwVfG den Widerruf auch für die Vergangenheit zulässt.

7. Wann kommt ein Wiederaufgreifen des Verwaltungsverfahrens in Betracht?

7. Unter den Voraussetzungen des § 51 Abs. 1–3 VwVfG besteht ein Anspruch auf Wiederaufgreifen, im Übrigen nur ein Anspruch auf ermessensfehlerfreie Entscheidung (arg. e § 51 Abs. 5 VwVfG).

8. Wann ist im Rahmen des § 51 Abs. 5 VwVfG eine Ermessensreduzierung zu bejahen?

8. Eine Ermessensreduzierung ist insbes. anzunehmen, wenn der Bescheid offensichtlich rechtswidrig ist oder seine Aufrechterhaltung unerträglich wäre.

1. Teil   Allgemeines Verwaltungsrecht

6. Abschnitt: Verwaltungsvollstreckung

Grundsatz der Selbst-titulierung und Selbst-vollstreckung

Erfüllt der Bürger seine Pflichten nicht, so hat die Behörde die Möglichkeit, sich durch **Erlass eines VA** einen Vollstreckungstitel zu verschaffen und diesen auch **selbst zu vollstrecken**. Die Vollstreckung richtet sich bei Bundesbehörden nach dem Verwaltungsvollstreckungsgesetz (VwVG), bei Landesbehörden nach den jeweiligen Landesgesetzen (LVwVG, für die Polizei zumeist im PolG geregelt). Das VwVG unterscheidet zwischen

- der Vollstreckung wegen **Geldforderungen** (§§ 1 ff. VwVG) und

- der Erzwingung einer **Handlung, Duldung oder Unterlassung** (§§ 6 ff. VwVG).

A. Vollstreckung von Geldforderungen

Beitreibung = Vollstreckung von Geldforderungen

Für die Vollstreckung von Geldforderungen der Verwaltung (z.B. Gebühren, Beiträge) gelten nach § 5 VwVG im Wesentlichen die Vorschriften der **Abgabenordnung** (AO). Die Vollstreckung erfolgt z.B. durch Pfändung und Versteigerung von beweglichen Sachen (§§ 281 ff. AO), bei Grundstücken durch Zwangshypothek und Zwangsversteigerung (§ 322 AO). Im Landesrecht bestehen vergleichbare Regelungen.

B. Verwaltungszwang

Verwaltungszwang = Durchsetzung von VAen auf Handlung, Duldung oder Unterlassung

Die Durchsetzung eines VA, der auf Herausgabe einer Sache oder auf Vornahme einer Handlung, auf Duldung oder Unterlassung gerichtet ist, richtet sich nach §§ 6 ff. VwVG (sog. **Verwaltungszwang**). § 6 VwVG unterscheidet hierbei zwischen dem gestreckten (mehraktigen) Verfahren und dem Sofortvollzug (ähnlich die LVwVG mit Unterschieden im Einzelfall).

I. Gestrecktes Verfahren

Vollstreckungsvoraussetzungen im gestreckten Verfahren
- **GrundVA** auf Handlung, Duldung oder Unterlassung
- **Wirksamkeit** des VA, unabhängig von Rechtmäßigkeit

- **Vollstreckbarkeit** des VA
    - GrundVA unanfechtbar
    - Rechtsbehelfe ohne aufschiebende Wirkung (§ 80 Abs. 2 VwGO)

54

Verwaltungsvollstreckung | **6. Abschnitt**

1. Wirksamer, vollstreckbarer GrundVA

Grundlage des gestreckten Verfahrens ist ein wirksamer vollstreckbarer GrundVA.

Vollstreckbarer GrundVA

- Der GrundVA muss **wirksam** sein und einen vollstreckungsfähigen Inhalt haben, d.h. auf Handlung, Duldung oder Unterlassung gerichtet sein.

- Ob der GrundVA rechtmäßig oder rechtswidrig ist, ist für die Vollstreckung **irrelevant**. Auch der rechtswidrige VA kann, solange er wirksam ist (§ 43 VwVfG), zwangsweise durchgesetzt werden.

  Nach der Gegenansicht ist die Vollstreckung rechtswidrig, wenn der rechtswidrige GrundVA im Zeitpunkt der Vollstreckung noch nicht unanfechtbar war. Dagegen spricht jedoch, dass Grundlage einer rechtmäßigen Vollstreckung nur die Wirksamkeit, nicht die Rechtmäßigkeit des GrundVA ist

- **Vollstreckbar** ist der GrundVA, wenn er unanfechtbar ist oder Rechtsbehelfe keine aufschiebende Wirkung haben, also in den Fällen des § 80 Abs. 2 VwGO.

2. Ordnungsgemäßes Vollstreckungsverfahren

Vollstreckungsverfahren
- **richtiges Zwangsmittel** (§§ 9 ff. VwVG)
- **Androhung** (§ 13 VwVG)
- ggf. **Festsetzung** (§ 14 VwVG)
- ordnungsgemäße **Anwendung** (§ 15 VwVG), insbes. Verhältnismäßigkeit

a) Zwangsmittel

Grundlegende materielle Voraussetzung ist, dass die Behörde das **richtige Zwangsmittel** gewählt hat. Als Zwangsmittel kommen nach § 9 Abs. 1 VwVG in Betracht:

Zwangsmittel:
- *Ersatzvornahme*
- *Zwangsgeld*
- *unmittelbarer Zwang*

- die **Ersatzvornahme** (§ 10 VwVG),

- das **Zwangsgeld** (§ 11 VwVG) und

- (als ultima ratio) der **unmittelbare Zwang** (§ 12 VwVG).

Die landesrechtlichen Regelungen sind weitgehend identisch, regeln aber zum Teil auch besondere Fälle, z.B. die Abgabe einer Erklärung oder die Zwangsräumung.

55

1. Teil — Allgemeines Verwaltungsrecht

Ersatzvornahme bei vertretbaren Handlungen

aa) Die **Ersatzvornahme** ist das Zwangsmittel zur Durchsetzung einer **vertretbaren Handlung**.

Beispiele: Beseitigung eines Gebäudes durch ein Abbruchunternehmen, Abschleppen eines Pkw durch den Abschleppunternehmer.

Zwangsgeld i.d.R. bei unvertretbaren Handlungen, Duldungen und Unterlassungen

bb) Durch das **Zwangsgeld** soll psychischer Druck auf den Pflichtigen ausgeübt werden, damit dieser das geschuldete Verhalten selbst vornimmt bzw. veranlasst. Es kommt in Abgrenzung zur Ersatzvornahme i.d.R. bei **unvertretbaren Handlungen**, Duldungen und Unterlassungen in Betracht (§ 11 Abs. 2 VwVG), also solchen Verpflichtungen, die nur von dem Betroffenen persönlich vorgenommen werden können. Bei vertretbaren Handlungen kann das Zwangsgeld i.d.R. nur verhängt werden, wenn die Ersatzvornahme untunlich ist (§ 11 Abs. 1 S. 2 VwVG).

Unmittelbarer Zwang als ultima ratio

cc) Unmittelbarer Zwang ist die Einwirkung auf Personen oder Sachen durch körperliche Gewalt, Waffen oder sonstige Hilfsmittel (z.B. Wasserwerfer etc.). Unmittelbaren Zwang darf die Behörde als ultima ratio nur anwenden, wenn die anderen Zwangsmittel nicht in Betracht kommen, keinen Erfolg versprechen oder unzweckmäßig sind (§ 12 VwVG). Im Einzelnen bestehen hierfür besondere gesetzliche Vorschriften, so z.B. für Bundesbehörden das Gesetz über den unmittelbaren Zwang (UZwG).

b) Vollstreckungsakte

Vollstreckungsakte:
- *Androhung*
- *Festsetzung*
- *Anwendung*

Das gestreckte Vollstreckungsverfahren (§ 6 Abs. 1 VwVfG) gliedert sich in verschiedene Abschnitte (deshalb gestreckt):

- die **Androhung** (§ 13 VwVG),
- die **Festsetzung** (§ 14 VwVG) und
- die **Anwendung** (§ 15 VwVG).

aa) Androhung

Androhung als Beugemittel

Nach § 13 Abs. 1 S. 1 VwVG müssen Zwangsmittel grds. **schriftlich angedroht** werden (nach § 13 Abs. 1 UZwG genügt beim Schusswaffengebrauch als Androhung die Abgabe eines Warnschusses). In der Androhung ist dem Pflichtigen für die Erfüllung der Verpflichtung eine **angemessene Frist** zu bestimmen (§ 13 Abs. 1 S. 2 VwVG). Die Androhung kann mit dem GrundVA verbunden werden, kann aber auch als eigenständiger Bescheid ergehen (§ 13 Abs. 2 VwVG). Die Androhung muss sich auf ein **bestimmtes Zwangsmittel** beziehen (§ 13 Abs. 3 VwVG).

56

Unzulässig ist die gleichzeitige Androhung mehrerer Zwangsmittel (§ 13 Abs. 3 S. 2 VwVG). Landesrechtlich gibt es hiervon zumeist Ausnahmen, wenn angegeben wird, in welcher Reihenfolge die Zwangsmittel angewendet werden sollen.

bb) Festsetzung

Nach fruchtlosem Ablauf der Frist, die in der Androhung bestimmt ist, ist das Zwangsmittel **festzusetzen** (§ 14 S. 1 VwVG). Die Festsetzung ist die Feststellung der Behörde, dass das angedrohte Zwangsmittel nunmehr angewendet werden soll. Eine generelle Festsetzung ist nur im Bundesrecht und in einigen Ländern vorgesehen (z.B. Berlin, NRW). Die meisten Länder kennen eine Festsetzung nur beim Zwangsgeld und haben ansonsten auf die Festsetzung als eigenständigen Vollstreckungsakt verzichtet.

Generelle Festsetzung nur im Bundesrecht, in Berlin und NRW sowie beim Zwangsgeld

cc) Anwendung

Das Vollstreckungsverfahren endet mit der **Anwendung** des Zwangsmittels (§ 15 VwVG).

Abschluss der Vollstreckung durch Zwangsanwendung

- Bei der **Ersatzvornahme** wird der Dritte beauftragt und dieser führt den Auftrag aus.

  Beispiel: Auf Anordnung der Behörde wird das verkehrswidrig abgestellte Fahrzeug vom Abschleppunternehmer entfernt.

- Beim **Zwangsgeld** wird der festgesetzte Betrag beim Pflichtigen beigetrieben, ggf. ist Ersatzzwangshaft anzuordnen (§ 16 VwVG).

- **Unmittelbarer Zwang** wird nach dem UZwG bzw. den Vorschriften des LVwVG oder PolG ausgeübt.

  Beispiele: Einsatz körperlicher Gewalt (z.B. Wegtragen der Teilnehmer nach Auflösung der Versammlung), ggf. durch Hilfsmittel (z.B. Wasserwerfer) oder Waffen (Schusswaffen, Reizstoffe etc.).

Das Zwangsmittel muss der Festsetzung (bzw. Androhung) gemäß angewendet werden und unterliegt insbes. dem Grundsatz der **Verhältnismäßigkeit**, d.h., der Verwaltungszwang muss nach Art und Ausmaß **geeignet** sein, den Pflichtigen zu dem zu erzwingenden Verhalten zu bewegen. Er muss des Weiteren **erforderlich** sein, es darf also kein milderes Mittel geben, das den beabsichtigten Erfolg ebenso gut erreichen könnte (§ 9 Abs. 2 S. 2 VwVG). Vor allem muss der Zwangsmitteleinsatz in einem **angemessenen** Verhältnis zu seinem Zweck stehen (§ 9 Abs. 2 S. 1 VwVG).

Zwangsmittel muss geeignet, erforderlich und angemessen sein.

II. Sofortvollzug

Sofortvollzug ohne GrundVA

Nach § 6 Abs. 2 VwVG kann Verwaltungszwang auch **ohne vorausgehenden VA** angewendet werden, wenn der sofortige Vollzug zur Verhinderung einer rechtswidrigen Tat oder zur Abwendung einer drohenden Gefahr notwendig ist und die Behörde hierbei innerhalb ihrer Befugnisse handelt.

Sofortvollzug erst recht, wenn GrundVA vorliegt

Der Sofortvollzug setzt daher nicht den vorherigen Erlass eines GrundVA voraus, ist aber **erst recht** anwendbar, wenn ein GrundVA vorliegt, aber die Vollstreckungsvoraussetzungen des § 6 Abs. 1 VwVG fehlen (z.B. weil der VA nicht sofort vollziehbar ist).

In den meisten Ländern bestehen vergleichbare Regelungen. In einigen Ländern (z.B. Baden-Württemberg, Hamburg und Sachsen) ist der Sofortvollzug nicht normiert. Dort gibt es allerdings Regelungen zum sog. vereinfachten Verfahren, bei dem z.B. auf die Androhung des Zwangsmittels verzichtet wird.

1. Vollstreckungsvoraussetzungen

Vollstreckungsvoraussetzungen beim Sofortvollzug
■ Vorliegen einer drohenden/gegenwärtigen Gefahr
■ Behörde handelt „innerhalb ihrer gesetzlichen Befugnisse" (= Rechtmäßigkeit eines hypothetischen GrundVA)
■ Notwendigkeit des Sofortvollzugs

a) Damit der Sofortvollzug rechtmäßig ist, muss eine drohende (d.h. gegenwärtige) **Gefahr** bestehen. Die Gefahr muss sich also bereits verwirklicht haben oder mit dem Schadenseintritt muss unmittelbar, d.h. in allernächster Zukunft mit an Sicherheit grenzender Wahrscheinlichkeit zu rechnen sein.

§ 6 Abs. 2 VwVG nennt beispielhaft die Verhinderung einer rechtswidrigen Tat, die einen Straf- oder Bußgeldtatbestand verwirklicht.

b) Weitere Voraussetzung ist, dass die Behörde „**innerhalb ihrer gesetzlichen Befugnisse**" handelt.

Behörde muss „innerhalb ihrer gesetzlichen Befugnisse" handeln = Rechtmäßigkeit eines hypothetischen GrundVA

Das ist der Fall, wenn die Behörde berechtigt gewesen wäre, einen GrundVA zu erlassen, mit dem der Betroffene zu der Handlung, Duldung oder Unterlassung hätte verpflichtet werden können, den durch den Sofortvollzug erstrebten Erfolg herbeizuführen. Der Sofortvollzug ist daher nur rechtmäßig, wenn eine **hypothetische Grundverfügung rechtmäßig** gewesen wäre.

Verwaltungsvollstreckung   **6. Abschnitt**

c) Schließlich muss der Sofortvollzug **notwendig** sein, d.h. der Sofortvollzug ist nur rechtmäßig, wenn die Gefahr nicht durch andere, schonendere Maßnahmen beseitigt werden kann. Insbesondere muss aufgrund der Eilbedürftigkeit gerade die Durchsetzung im Wege des Sofortvollzugs erforderlich sein. Das ist zu verneinen, wenn der Erfolg ebenso gut durch ein gestrecktes Verfahren hätte erreicht werden können.

2. Vollstreckungsverfahren

a) Denkbar ist der Sofortvollzug nur bei der **Ersatzvornahme** und beim **unmittelbaren Zwang**. Das Zwangsgeld setzt als Beugemittel stets den Erlass eines GrundVA voraus, sodass beim Zwangsgeld der Sofortvollzug ausscheidet.

Abgekürztes Verfahren bei Ersatzvornahme und unmittelbaren Zwang

b) Eine **Androhung** ist im Sofortvollzug **entbehrlich** (§ 13 Abs. 1 S. 1 VwVG), die **Festsetzung entfällt** (§ 14 S. 2 VwVG). Entscheidend ist die **Anwendung** des Zwangsmittels, die vor allem **verhältnismäßig** sein muss.

III. Folgen des Verwaltungszwangs

Die Ersatzvornahme erfolgt „auf Kosten des Pflichtigen" (§ 10 VwVG). Die Behörde hat daher einen Anspruch auf **Erstattung der Aufwendungen**, die ihr durch die Ersatzvornahme entstanden sind (vgl. §§ 19, 19a VwVG).

Kostenerstattungsanspruch bei rechtmäßiger Ersatzvornahme

Beispiel: Anspruch auf Ersatz der an den Abschleppunternehmer gezahlten Abschleppkosten.

Der Kostenerstattungsanspruch besteht nur dann, wenn die **Ersatzvornahme rechtmäßig** ist. Für rechtswidrige Vollstreckungsmaßnahmen dürfen keine Kosten erhoben werden. Die Rechtmäßigkeit der Vollstreckung ist ihrerseits allerdings unabhängig von der Rechtmäßigkeit des GrundVA. Deshalb kommt es für den Kostenerstattungsanspruch nur darauf an, dass die **Ersatzvornahme als solche** rechtmäßig ist. Auch für den Erstattungsanspruch ist die Rechtmäßigkeit des GrundVA daher irrelevant. Nach a.A. kann ein Ersatzanspruch nur bei durchgängig rechtmäßigem Verwaltungshandeln bestehen, setzt also auch die **Rechtmäßigkeit des GrundVA** voraus, soweit diese nicht unanfechtbar ist. Dagegen spricht jedoch, dass Grundlage einer rechtmäßigen Vollstreckung nur die Wirksamkeit, nicht die Rechtmäßigkeit des GrundVA ist (s.o. S. 55).

59

Check: Verwaltungsvollstreckung

1. Was versteht man unter Verwaltungszwang?

1. Verwaltungszwang ist die zwangsweise Durchsetzung eines VA, der auf Herausgabe einer Sache, auf Vornahme einer Handlung oder auf Duldung oder Unterlassung gerichtet ist (§ 6 Abs. 1 VwVG).

2. Welche beiden Arten des Verwaltungszwangs sind nach dem VwVG zu unterscheiden?

2. Das VwVG unterscheidet das gestreckte Verfahren (§ 6 Abs. 1 VwVG) und den Sofortvollzug (§ 6 Abs. 2 VwVG).

3. Welches sind die Vollstreckungsvoraussetzungen im gestreckten Verfahren und was ist insbes. nicht erforderlich?

3. Voraussetzung für ein gestrecktes Verfahren ist das Vorliegen eines wirksamen GrundVA auf Handlung, Duldung oder Unterlassung. Der GrundVA muss vollstreckbar sein, d.h. unanfechtbar oder sofort vollziehbar. Unerheblich ist dagegen die Rechtmäßigkeit des GrundVA.

4. Welche Zwangsmittel kennt das VwVG?

4. Zwangsmittel sind die Ersatzvornahme (§ 10 VwVG), das Zwangsgeld (§ 11 VwVG) und der unmittelbare Zwang (§ 12 VwVG).

5. Nennen Sie die einzelnen Vollstreckungsakte im gestreckten Verfahren nach dem VwVG!

5. Vollstreckungsakte sind die Androhung (§ 13 VwVG), die Festsetzung (§ 14 VwVG) und die Anwendung (§ 15 VwVG).

6. Was versteht man unter Sofortvollzug?

6. Sofortvollzug meint den Verwaltungszwang ohne vorherigen Erlass eines GrundVA.

7. Nennen Sie die Voraussetzungen für die Rechtmäßigkeit des Sofortvollzugs!

7. Voraussetzungen für die Rechtmäßigkeit des Sofortvollzugs nach § 6 Abs. 2 VwVG sind:

- Vorliegen einer drohenden Gefahr,
- Handeln innerhalb der gesetzlichen Befugnisse,
- Notwendigkeit des Sofortvollzugs.

8. Was versteht man unter der Formulierung „und die Behörde hierbei innerhalb ihrer gesetzlichen Befugnisse handelt" in § 6 Abs. 2 VwVG?

8. Die Behörde handelt nur dann innerhalb ihrer gesetzlichen Befugnisse, wenn sie berechtigt gewesen wäre, den Betroffenen durch VA zu der Handlung, Duldung oder Unterlassung zu verpflichten, den durch den Sofortvollzug erstrebten Erfolg herbeizuführen (Rechtmäßigkeit einer hypothetischen Grundverfügung).

9. Ist die Rechtmäßigkeit des GrundVA auch Voraussetzung für die Rechtmäßigkeit eines gestreckten Vollstreckungsverfahrens?

9. Grundlage einer rechtmäßigen Vollstreckung ist allein die Wirksamkeit, nicht die Rechtmäßigkeit des GrundVA. Dies gilt nach h.M. auch für die Kostenerstattung. Nach der Gegenansicht besteht ein Rechtswidrigkeitszusammenhang zwischen (anfechtbarem) VA und Vollstreckung.

7. Abschnitt: Der öffentlich-rechtliche Vertrag

A. Begriffsmerkmale

I. Abgrenzung

Die Behörde kann auf dem Gebiet des öffentlichen Rechts nicht nur einseitig durch VA handeln, sondern Rechtsfolgen auch durch vertragliche Vereinbarungen herbeiführen (§ 54 VwVfG). In Abgrenzung zum privatrechtlichen Vertrag muss sich beim **öffentlich-rechtlichen Vertrag** der Vertragsgegenstand auf eine verwaltungsrechtliche Materie beziehen.

Öffentlich-rechtliche Verträge gemäß §§ 54 ff. VwVfG

Beispiele: Städtebauliche Verträge nach § 11 BauGB, Sanierungsvertrag nach § 13 Abs. 4 BBodSchG, Subventionsverträge.

Problematisch ist die **Einordnung**, wenn nur eine der Leistungen das öffentliche Recht betrifft und im Übrigen eine üblicherweise privatrechtliche Regelung vorliegt.

Beispiel: B veräußert einen Teil seines Grundstücks an die Gemeinde, um im Gegenzug einen baurechtlichen Dispens (§ 31 Abs. 2 BauGB) zu erhalten.

Während teilweise angenommen wird, dass es sich hierbei um gemischte Verträge handelt, ist nach h.M. auf den **Schwerpunkt** der Vereinbarung abzustellen. Wenn der Vertrag schwerpunktmäßig ein Grundstückskaufvertrag ist, der lediglich zusätzliche öffentlich-rechtliche Elemente aufweist, handelt es sich insgesamt um einen privatrechtlichen Vertrag.

Einordnung nach Schwerpunkt

II. Arten öffentlich-rechtlicher Verträge

Die §§ 54 ff. VwVfG unterscheiden **zwei Arten** öffentlich-rechtlicher Verträge:

Koordinationsrechtliche und subordinationsrechtliche Verträge

- **Koordinationsrechtlich** sind Verträge zwischen Rechtsträgern, die prinzipiell **gleichgeordnet** sind (z.B. die Vereinbarung zwischen zwei Gemeinden).

- **Subordinationsrechtlich** sind Verträge zwischen Parteien, die sonst im Verhältnis der **Über-/Unterordnung** stehen, der Vertrag also an die Stelle eines VA tritt (§ 54 S. 2 VwVfG), wie typischerweise im Verhältnis der Behörde zum Bürger.

B. Ansprüche aus öffentlich-rechtlichen Verträgen

Ansprüche können sich nur aus einem **wirksamen** öffentlich-rechtlichen Vertrag ergeben. Anders als beim VA gibt es beim öffentlich-rechtlichen Vertrag keine Unterscheidung zwischen Rechtswidrigkeit und Nichtigkeit. Ein öffentlich-rechtlicher Vertrag ist entweder wirksam oder unwirksam.

Ansprüche aus öffentlich-rechtlichem Vertrag
■ Anspruch **entstanden**
■ Anspruch **nicht erloschen**
■ Anspruch **durchsetzbar**, d.h. keine Einreden

I. Anspruch entstanden

Damit Ansprüche aus öffentlich-rechtlichem Vertrag entstehen, muss ein öffentlich-rechtlicher Vertrag **wirksam geschlossen** worden sein.

Wirksamkeit eines öffentlich-rechtlichen Vertrages
■ **Einigung** gemäß § 62 S. 2 VwVfG, §§ 145 ff. BGB
■ **Schriftform** gemäß § 57 VwVfG
■ **Beteiligung Dritter** oder anderer Behörden nach § 58 VwVfG
■ **keine Nichtigkeitsgründe** gemäß § 59 VwVfG

1. Einigung

Einigung

Wie beim privatrechtlichen Vertrag müssen sich die Parteien gemäß § 62 S. 2 VwVfG, §§ 145 ff. BGB geeinigt haben. § 54 S. 1 VwVfG nennt als Regelungsinhalte insbes. die Begründung, Änderung oder Aufhebung eines öffentlich-rechtlichen Rechtsverhältnisses.

2. Schriftform (§ 57 VwVfG)

Form

Nach § 57 VwVfG unterliegt ein öffentlich-rechtlicher Vertrag der Schriftform. Ist gesetzlich eine strengere Form vorgeschrieben (z.B. die notarielle Beurkundung bei Grundstücksgeschäften, § 62 S. 2 VwVfG, § 311 b BGB), so ist diese einzuhalten.

Die Schriftform ist grds. nur bei einer einheitlichen Vertragsurkunde gewahrt, ein bloßer Schriftwechsel reicht nach h.Rspr. nicht aus. Hiervon werden allerdings Ausnahmen zugelassen, wenn der Zweck der Formvorschrift anderweitig gewahrt ist.

Der öffentlich-rechtliche Vertrag | 7. Abschnitt

3. Beteiligung Dritter oder anderer Behörden (§ 58 VwVfG)

a) Nach § 58 Abs. 1 VwVfG wird ein öffentlich-rechtlicher Vertrag, der in Rechte eines **Dritten** eingreift, erst wirksam, wenn der Dritte schriftlich zustimmt.

Beteiligung Dritter

Beispiel: Ein Vertrag, durch den dem Bauherrn ein Dispens von nachbarschützenden Vorschriften erteilt wird (§ 31 Abs. 2 BauGB), wird erst wirksam, wenn der Nachbar zustimmt.

b) Tritt der öffentlich-rechtliche Vertrag an die Stelle eines VA, bei dessen Erlass die Genehmigung, Zustimmung oder das Einvernehmen einer **anderen Behörde** erforderlich ist, so wird der Vertrag nach § 58 Abs. 2 VwVfG erst wirksam, nachdem die andere Behörde in der vorgeschriebenen Form mitgewirkt hat.

Beteiligung anderer Behörden

Beispiel: Ist für die Baugenehmigung nach § 36 BauGB das Einvernehmen der Gemeinde erforderlich, gilt dies auch für den öffentlich-rechtlichen Vertrag.

4. Keine Nichtigkeitsgründe (§ 59 VwVfG)

Damit ein öffentlich-rechtlicher Vertrag wirksam ist, dürfen schließlich keine Nichtigkeitsgründe nach § 59 VwVfG vorliegen. Unwirksam ist der öffentlich-rechtliche Vertrag nur aus den dort aufgeführten Gründen. Ist der Vertrag aus anderen Gründen rechtswidrig, ist er gleichwohl wirksam und kann Ansprüche begründen.

a) Nach § 59 Abs. 1 VwVfG gelten für **alle öffentlich-rechtlichen Verträge die Nichtigkeitsgründe des BGB** entsprechend.

Nichtigkeitsgründe des BGB für alle Verträge (§ 59 Abs. 1 VwVfG)

Beispiele: Der Vertrag ist analog § 125 BGB nichtig, wenn er nicht nach § 57 VwVfG schriftlich abgeschlossen wurde. Analog § 142 BGB ist ein Vertrag nichtig, der nach §§ 119 ff. BGB angefochten wurde. Verstößt der Vertrag gegen ein gesetzliches Verbot ist er nach § 134 BGB nichtig, bei einem Sittenverstoß nach § 138 Abs. 1 BGB.

b) § 59 Abs. 2 VwVfG regelt ergänzend **besondere Nichtigkeitsgründe für subordinationsrechtliche Verträge** i.S.d. § 54 S. 2 VwVfG (also insbes. für Verträge zwischen Behörde und Bürger).

Besondere Nichtigkeitsgründe für subordinationsrechtliche Verträge nach § 59 Abs. 2 VwVfG

- Nach § 59 Abs. 2 **Nr. 1** VwVfG ist ein ör Vertrag nichtig, wenn ein **VA** mit entsprechendem Inhalt nach § 44 VwVfG **nichtig** wäre.

- Nach § 59 Abs. 2 **Nr. 2** VwVfG ist ein ör Vertrag nichtig, wenn ein **VA** mit entsprechendem Inhalt nicht nur wegen eines Verfahrens- oder Formfehlers i.S.d. § 46 VwVfG **rechtswidrig** wäre (also insbesondere bei materieller Rechtswidrigkeit) und dies den Vertragsschließenden **bekannt** war.

63

1. Teil — Allgemeines Verwaltungsrecht

- Nach § 59 Abs. 2 **Nr. 3** VwVfG ist ein **Vergleichsvertrag** nichtig, wenn dessen Voraussetzungen nach § 55 VwVfG nicht vorlagen und ein VA mit entsprechendem Inhalt (materiell) rechtswidrig wäre.

Austauschvertrag (§ 56 VwVfG) nichtig bei unzulässiger Gegenleistung des Bürgers

- Nach § 59 Abs. 2 **Nr. 4** VwVfG ist ein **Austauschvertrag** nichtig, wenn sich die Behörde eine nach § 56 VwVfG unzulässige Gegenleistung versprechen lässt.

  - Steht die Leistung im **Ermessen** der Behörde, so ist die Gegenleistung des Bürgers nach § 56 Abs. 1 VwVfG nur zulässig, wenn sie für einen bestimmten Zweck vereinbart wird, der Erfüllung öffentlicher Aufgaben dient, angemessen ist und mit der Leistung der Behörde in einem sachlichen Zusammenhang steht (sog. Koppelungsverbot).

  - Besteht auf die Leistung der Behörde ein **Anspruch**, so kann nach § 56 Abs. 2 VwVfG nur eine solche Gegenleistung vereinbart werden, die bei Erlass eines VA Inhalt einer Nebenbestimmung nach § 36 Abs. 1 VwVfG sein könnte.

    Als Gegenleistung des Bürgers kann in diesen Fällen daher nur eine Verpflichtung vereinbart werden, die sicherstellt, dass die gesetzlichen Voraussetzungen für die Erteilung des VA erfüllt werden oder die Inhalt einer gesetzlich zugelassenen Nebenbestimmung sein kann (§ 36 Abs. 1 VwVfG).

II. Kein Erlöschen und keine Einreden

Für Untergang und Einreden gelten die Vorschriften des BGB (§ 62 S. 2 VwVfG).

Ein Anspruch aus einem wirksamen öffentlich-rechtlichen Vertrag kann nur bestehen, wenn keine Erlöschensgründe vorliegen. Hierfür gelten die allgemeinen Vorschriften des BGB (insbes. §§ 362 ff. BGB). Entsprechendes gilt für **Einreden**, die die Durchsetzbarkeit des Anspruchs verhindern (z.B. Verjährung gemäß § 214 BGB).

III. Rechtswirkungen des Vertrages

1. Rechtsfolgen eines wirksamen ör Vertrages

Wirksamer Vertrag

a) Ist der **Vertrag wirksam**, so begründet er die vereinbarten Rechte und Pflichten. Bei Pflichtverletzungen bestehen gemäß § 62 S. 2 VwVfG Sekundäransprüche nach dem BGB (insbes. §§ 280 ff. BGB). Bei **Störung der Geschäftsgrundlage** (§ 311 BGB) ist der Vertrag grds. anzupassen. Soweit dies nicht möglich oder zumutbar ist, kann der Vertrag gekündigt werden (§ 60 Abs. 1 S. 1 VwVfG). Die Behörde kann den Vertrag auch kündigen, um schwere Nachteile für das Gemeinwohl zu verhüten oder zu beseitigen (§ 60 Abs. 1 S. 2 VwVfG).

b) Werden die vertraglichen Pflichten nicht erfüllt, kann **Klage vor dem Verwaltungsgericht** erhoben werden. Das gilt nach § 40 Abs. 1 S. 1 VwGO nicht nur für Erfüllungsansprüche, sondern nach § 40 Abs. 2 S. 1 Fall 3 Alt. 2 VwGO auch für Ersatzansprüche bei Pflichtverletzungen. Die Behörde kann vertragliche Ansprüche jedoch **nicht durch VA** durchsetzen. Ein öffentlich-rechtlicher Vertrag ist keine Ermächtigungsgrundlage für den Erlass eines VA. Hat die Behörde sich durch den Vertragsschluss auf die Ebene der Gleichordnung begeben, kann sie im Nachhinein nicht einseitig hoheitlich durch VA handeln (s.o. S. 22).

Durchsetzung von Ansprüchen aus ör Vertrag

2. Rechtsfolgen nichtiger Verträge

a) Ist der **Vertrag nichtig**, so entfaltet er keine Rechtswirkungen. Es bestehen daher keinerlei vertragliche Ansprüche. Betrifft die Nichtigkeit nur einen Teil des Vertrages, so ist der Vertrag grds. insgesamt nichtig, es sei denn, es ist anzunehmen, dass er auch ohne den nichtigen Teil geschlossen worden wäre (§ 59 Abs. 3 VwVfG, wie § 139 BGB).

Nichtiger Vertrag

b) Sind aufgrund des nichtigen Vertrages Leistungen bereits erbracht worden, sind diese nach den Grundsätzen des gewohnheitsrechtlich anerkannten allgemeinen **öffentlich-rechtlichen Erstattungsanspruchs** rückabzuwickeln (ähnlich § 812 BGB).

ör Erstattungsanspruch

aa) Voraussetzung ist dass der ör Vertrag nichtig ist, so dass die Leistung **rechtsgrundlos** erfolgt ist.

aa) Rechtsfolge ist – wie beim zivilrechtlichen Bereicherungsanspruch – die **Herausgabe des Erlangten** und orientiert sich damit an § 818 BGB. Allerdings ist ein **Wegfall der Bereicherung** (§ 818 Abs. 3 BGB) bei der Verwaltung ausgeschlossen. Denn die öffentliche Hand ist an Recht und Gesetz gebunden (Art. 20 Abs. 3 GG), wodurch sie uneingeschränkt verpflichtet ist, rechtsgrundlose Vermögensverschiebungen zu beseitigen. Der Bürger kann sich dagegen grds. auf den Wegfall der Bereicherung berufen. Allerdings schadet im öffentlichen Recht – anders als im Rahmen von § 819 Abs. 1 BGB – nicht nur die Kenntnis von der Rechtsgrundlosigkeit, sondern der Entreicherungseinwand ist bereits bei **grober Fahrlässigkeit** ausgeschlossen (Rechtsgedanke des § 12 Abs. 2 S. 2 BBesG, § 49 a Abs. 2 S. 2 VwVfG).

Check: Öffentlich-rechtlicher Vertrag

1. Was versteht man unter einem öffentlich-rechtlichen Vertrag?

1. Unter einem öffentlich-rechtlichen Vertrag versteht man die vertragliche Begründung, Änderung oder Aufhebung eines Rechtsverhältnisses auf dem Gebiet des öffentlichen Rechts (Legaldefinition in § 54 S. 1 VwVfG).

2. Welche beiden Arten des ör Vertrages unterscheiden die §§ 54 ff. VwVfG?

2. §§ 54 ff. VwVfG unterscheiden den koordinationsrechtlichen Vertrag zwischen Vertragsparteien, die prinzipiell gleichgeordnet sind, und den subordinationsrechtlichen Vertrag zwischen Vertragsparteien, bei denen ein Über-/Unterordnungsverhältnis besteht (§ 54 S. 2 VwVfG).

3. Welche beiden besonderen Arten des subordinationsrechtlichen Vertrages sind in §§ 55, 56 VwVfG geregelt?

3. § 55 VwVfG regelt den Vergleichsvertrag und § 56 VwVfG den Austauschvertrag.

4. Was sind die Voraussetzungen für das wirksame Zustandekommen eines öffentlich-rechtlichen Vertrages?

4. Voraussetzungen für das wirksame Zustandekommen eines öffentlich-rechtlichen Vertrages sind:

■ Einigung nach § 62 S. 2 VwVfG, §§ 145 ff. BGB,

■ Schriftform, § 57 VwVfG,

■ ggf. Zustimmung Dritter, § 58 VwVfG,

■ keine Nichtigkeitsgründe, § 59 VwVfG.

5. Wann ist ein ör Vertrag nichtig?

5. Für alle öffentlich-rechtlichen Verträge gelten nach § 59 Abs. 1 VwVfG die Nichtigkeitsgründe des BGB entsprechend (z.B. §§ 125, 134, 138, 142 BGB). Besondere Nichtigkeitsgründe für subordinationsrechtliche Verträge regelt § 59 Abs. 2 VwVfG.

6. Wann kann ein ör Vertrag gekündigt werden?

6. Neben einem ordentlichen Kündigungsrecht, das nur besteht, soweit es vertraglich vereinbart ist, besteht ein Kündigungsrecht nach § 60 VwVfG bei Störung bzw. Wegfall der Geschäftsgrundlage oder behördlicherseits, um schwere Nachteile für das Gemeinwohl zu verhüten oder zu beseitigen.

7. Vor welchem Gericht sind Ansprüche aus ör Vertrag geltend zu machen.

7. Für Erfüllungsansprüche aus ör Vertrag ist gemäß § 40 Abs. 1 S. 1 VwGO der Verwaltungsrechtsweg eröffnet. Dasselbe gilt für Sekundäransprüche gemäß § 40 Abs. 2 S. 1 Fall 3 Alt. 2 VwGO.

8. Abschnitt: Verwaltungsrechtliche Ansprüche

A. Öffentlich-rechtlicher Abwehr- und Unterlassungsanspruch

I. Rechtsgrundlage

1. Abwehr rechtswidriger VAe

Wehrt sich der Bürger gegen einen (rechtswidrigen) **VA**, so folgt sein Abwehranspruch aus einfach-gesetzlichen subjektiven Rechten und aus der Abwehrfunktion der Grundrechte (zumindest Art. 2 Abs. 1 GG). Der Abwehranspruch wird durchgesetzt mittels Widerspruch (§ 68 Abs. 1 VwGO) und Anfechtungsklage (§ 42 Abs. 1 Fall 1 VwGO).

Abwehr rechtswidriger VAe durch Widerspruch und Anfechtungsklage

2. Abwehr schlichten Verwaltungshandelns

Grundrechte schützen aber nicht nur vor Eingriffen durch Rechtsakte, sondern auch vor rechtswidrigen Eingriffen durch **schlichtes Verwaltungshandeln**, insbes. Realakte. Daher ist anerkannt, dass es einen allgemeinen öffentlich-rechtlichen Abwehr- und Unterlassungsanspruch gibt.

Abwehr schlichten Verwaltungshandelns durch ör Abwehr- und Unterlassungsanspruch

Beispiel: Abwehr von Immissionen durch hoheitlich betriebene Einrichtungen (Sport- und Spielplätze, Wertstoff-Container u.Ä.), Abwehr von ehrbeeinträchtigenden hoheitlichen Äußerungen oder staatlichem Informationshandeln.

3. Dogmatische Herleitung

Die **dogmatische Grundlage** des Anspruchs ist umstritten. Überwiegend wird auf die Abwehrfunktion der Grundrechte abgestellt. Der Staat sei nicht nur verpflichtet, rechtswidrige Eingriffe in subjektive Rechte zu beseitigen, sondern auch solche Eingriffe von vornherein zu unterlassen. Andere greifen auf eine analoge Anwendung des § 1004 BGB zurück, da der öffentlich-rechtliche Abwehr- und Unterlassungsanspruch seiner Grundstruktur nach mit dem zivilrechtlichen Beseitigungs- und Unterlassungsanspruch vergleichbar sei. Diese verschiedenen Begründungen schließen sich nicht aus, sondern ergänzen sich. Da der Staat rechtswidrige Eingriffe in subjektive Rechte unterlassen muss (Art. 20 Abs. 3 GG), ist der öffentlich-rechtliche Abwehr- und Unterlassungsanspruch heute jedenfalls **gewohnheitsrechtlich** anerkannt.

Rechtsgrundlage:
- *Abwehrfunktion der Grundrechte*
- *§ 1004 BGB analog*
- *Gewohnheitsrecht*

II. Anspruchsvoraussetzungen

Voraussetzung für den öffentlich-rechtlichen Abwehr- und Unterlassungsanspruch ist, dass der Staat durch eine hoheitliche Maßnahme rechtswidrig in subjektive öffentliche Rechte des Bürgers eingreift und dieser Eingriff andauert (Abwehranspruch) oder bevorsteht (Unterlassungsanspruch).

Aufbauschema: ör Abwehr- und Unterlassungsanspruch
■ **hoheitliches Handeln**
■ Eingriff in ein **subjektives Recht**
■ **Eingriff rechtswidrig**
■ Eingriff dauert an oder steht bevor

1. Hoheitliches Handeln

Abgrenzung zu § 1004 BGB

In Abgrenzung zum zivilrechtlichen Anspruch aus § 1004 BGB muss beim öffentlich-rechtlichen Abwehr- und Unterlassungsanspruch ein **hoheitliches Handeln** vorliegen. Ob das der Fall ist, richtet sich nach den allgemeinen Kriterien zur Abgrenzung zwischen öffentlichem Recht und Privatrecht (s.o. S. 1 ff.).

Beispiel: Die Abwehr von Immissionen eines hoheitlich betriebenen Spielplatzes richtet sich nach öffentlichem Recht, bei einer privatrechtlich betriebenen Einrichtung ist § 1004 BGB einschlägig.

2. Eingriff in ein subjektives Recht

a) Subjektive Rechte können sich aus einfach-gesetzlichen Vorschriften oder aus Grundrechten ergeben (z.B. Art. 12 oder Art. 14 GG).

Unmittelbare und mittelbare Eingriffe

b) Ein **Eingriff** im klassischen Sinne liegt vor, wenn der Staat final und unmittelbar in Rechte des Bürgers eingreift. Grundrechte schützen aber nicht nur vor unmittelbaren, sondern auch vor **mittelbaren Beeinträchtigungen**, wenn auch nicht in gleicher Intensität. Wann bei mittelbaren Beeinträchtigungen ein Eingriff vorliegt, ist eine höchst umstrittene Wertungsfrage, bei der es entscheidend darauf ankommt, ob die Beeinträchtigung dem Staat **zurechenbar** ist. Bejaht wird dies insbes., wenn die Maßnahme in ihrer Zielsetzung und ihren Wirkungen einem Eingriff als **funktionales Äquivalent** gleichkommt. Andere stellen darauf ab, ob es sich um beabsichtigte, vorhersehbare oder grundrechtsspezifische Beeinträchtigungen handelt.

Verwaltungsrechtliche Ansprüche | 8. Abschnitt

Beispiel: Staatliche Informationen stellen einen Eingriff dar, wenn sie sich auf individuelle Personen, Produkte oder Verhaltensweisen beziehen (BVerfG RÜ 2018, 450, 453).

3. Rechtswidrigkeit des Eingriffs

Rechtswidrig ist der Eingriff, wenn den Bürger **keine Duldungspflicht** trifft. Duldungspflichten können sich insbes. ergeben

Eingriff rechtswidrig, wenn keine Duldungspflicht

- aus **gesetzlichen Vorschriften**

  z.B. bei Immissionen analog § 906 BGB oder bei ehrbeeinträchtigenden Äußerungen analog § 193 StGB (Wahrnehmung berechtigter Interessen),

- aus **VA** oder **ör Vertrag.**

  Solange ein wirksamer VA vorliegt, der nicht aufgehoben ist, muss der Bürger den Eingriff dulden.

  !

4. Eingriff dauert an oder steht bevor

Der öffentlich-rechtliche Abwehr- und Unterlassungsanspruch setzt eine andauernde oder bevorstehende Beeinträchtigung vor. Ist der Eingriff abgeschlossen, kommen nur noch Beseitigungs- und Schadensersatzansprüche in Betracht.

III. Rechtsfolge

Sind die Voraussetzungen erfüllt, besteht ein **Abwehranspruch** (wenn der Eingriff andauert) oder ein **Unterlassungsanspruch** (wenn der Eingriff bevorsteht). Der Hoheitsträger ist verpflichtet den Eingriff zu unterlassen und alle Maßnahmen zu treffen, die notwendig sind, damit die Rechtsbeeinträchtigung beendet wird.

Rechtsfolge: Abwehr oder Unterlassung

B. Folgenbeseitigungsanspruch

I. Rechtsgrundlage

1. Sekundäransprüche im öffentlichem Recht

Werden subjektive Rechte des Bürgers durch hoheitliches Handeln rechtswidrig beeinträchtigt, so kann der Bürger den **Eingriff abwehren** (s.o. S. 67) oder – wenn der Eingriff abgeschlossen ist – Schadensersatz verlangen (dazu unten S. 75 ff.). Häufig geht es dem Bürger aber nicht (nur) um Geldersatz, sondern (auch) um die **Wiederherstellung** des früheren Zustandes.

Primär- und Sekundäransprüche

Beispiele: Rückgabe einer von der Polizei sichergestellten Sache, Widerruf unrichtiger Tatsachenbehauptungen.

2. Folgenbeseitigungsanspruch

a) In den vorgenannten Fällen geht es um eine den §§ 985, 1004 BGB vergleichbare Situation. Es sollen die **Folgen des Verwaltungshandelns** beseitigt werden. Da es im öffentlichen Recht hierfür i.d.R. keine spezielle gesetzliche Anspruchsgrundlage gibt, haben Rspr. und Lit. das Rechtsinstitut des **Folgenbeseitigungsanspruchs (FBA)** entwickelt.

Vollzugs-FBA

b) Ausgangspunkt war die Anerkennung eines sog. **Vollzugsfolgenbeseitigungsanspruchs** (Vollzugs-FBA). Er erfasst den Fall, dass ein **rechtswidriger VA** vollzogen wird. Der Betroffene hat dann nicht nur einen Anspruch auf Aufhebung des VA (§ 113 Abs. 1 S. 1 VwGO), sondern auch auf Beseitigung der mit dem Vollzug verbundenen Folgen (§ 113 Abs. 1 S. 2 VwGO).

Beispiel: Nach Aufhebung eines rechtswidrigen Abgabenbescheides macht der Bürger einen Anspruch auf Erstattung des bereits gezahlten Betrages geltend.

!

***Beachte:** § 113 Abs. 1 S. 2 VwGO ist keine materielle Anspruchsgrundlage, sondern regelt nur die prozessuale Durchsetzung des Folgenbeseitigungsanspruchs.*

Allgemeiner FBA

c) Ein Bedürfnis nach Folgenbeseitigung besteht aber nicht nur bei einem VA, sondern auch bei schlichtem Verwaltungshandeln. Man spricht dann vom schlichten oder **allgemeinen Folgenbeseitigungsanspruch**.

Beispiele: Beseitigung der Folgen schädlicher Umwelteinwirkungen, Widerruf ehrbeeinträchtigender Tatsachenbehauptungen.

Die Unterscheidung hat heute nur noch terminologische Bedeutung. Beide Ansätze sind in einem **einheitlichen Folgenbeseitigungsanspruch (FBA)** aufgegangen.

3. Dogmatische Herleitung

Der FBA wird überwiegend ebenfalls aus der Abwehrfunktion der Grundrechte oder aus dem Rechtsstaatsprinzip (Art. 20 Abs. 3 GG, Grundsatz der Gesetzmäßigkeit der Verwaltung) hergeleitet. Andere greifen auch hier auf den Rechtsgedanken des § 1004 BGB zurück. Diese Begründungsansätze schließen sich nicht aus, sondern ergänzen sich. Jedenfalls ist der FBA heute als **gewohnheitsrechtlicher Anspruch** anerkannt.

Verwaltungsrechtliche Ansprüche   **8. Abschnitt**

II. Anspruchsvoraussetzungen

Ein Anspruch auf Folgenbeseitigung besteht, wenn durch einen
hoheitlichen Eingriff in ein subjektives Recht ein rechtswidriger,
noch andauernder Zustand geschaffen wurde und keine Ausschlussgründe bestehen.

Aufbauschema: Folgenbeseitigungsanspruch
■ **hoheitliches Handeln**
■ Eingriff in ein **subjektives Recht**
■ Schaffung eines **rechtswidrigen Zustandes**
■ **Fortdauer** des rechtswidrigen Zustandes
■ keine **Ausschlussgründe**

1. Hoheitliches Handeln

In Abgrenzung zum zivilrechtlichen Anspruch aus § 1004 BGB muss
beim FBA ein **hoheitliches Handeln** vorliegen. Dies richtet sich nach
den allgemeinen Kriterien zur Abgrenzung zwischen öffentlichem
Recht und Privatrecht (s.o. S. 1 ff.).

Abgrenzung zu § 1004 BGB

Beispiele: polizeiliche Sicherstellung von Gegenständen, Einweisung von
Obdachlosen, Erteilung einer Baugenehmigung für ein Vorhaben, das den Nachbarn beeinträchtigt.

2. Eingriff in ein subjektives Recht

Subjektive Rechte können sich aus einfach-gesetzlichen Vorschriften oder aus Grundrechten ergeben. Wie beim Abwehranspruch
reichen unmittelbare wie mittelbare Beeinträchtigungen, letztere
allerdings nur, soweit sie dem Staat zurechenbar sind.

Unmittelbare und mittelbare Eingriffe

Beispiel: Immissionen, die sich aus der üblichen Nutzung eines Altglas-Con-
tainers ergeben, muss sich die Behörde zurechnen lassen, nicht dagegen wilde
Ablagerungen oder missbräuchliche Nutzungen in Ruhezeiten.

3. Rechtswidriger Zustand

Durch den Eingriff muss ein **rechtswidriger Zustand** geschaffen
worden sein.

a) Da es beim FBA um die **Beseitigung der Folgen** des Verwal-
tungshandelns geht, ist nicht das Handlungsunrecht, sondern das
Erfolgsunrecht entscheidend. Es kommt daher – anders als beim
Abwehranspruch – **nicht** darauf an, ob der **Eingriff** rechtswidrig war,

Erfolgsunrecht, nicht Handlungsunrecht

71

Allgemeines Verwaltungsrecht

sondern ob der **Zustand**, dessen Beseitigung verlangt wird, **rechtswidrig** ist.

Beispiel: Die Löschung personenbezogener Daten kann nicht nur verlangt werden, wenn diese rechtswidrig erhoben worden sind, sondern auch dann, wenn die Erhebung rechtmäßig war, die Daten aber nicht dauerhaft gespeichert werden dürfen.

Duldungspflichten insbes. aus Gesetz oder VA

b) Rechtswidrig ist der Zustand, wenn den Bürger **keine Duldungspflicht** trifft. Eine Duldungspflicht kann sich insbes. aus Gesetz, VA oder ör Vertrag ergeben.

! Beim sog. Vollzugs-FBA ist der Zustand z.B. solange gerechtfertigt, wie er von einem **wirksamen VA** gedeckt ist. Auch wenn der VA rechtswidrig ist, reicht dies zur Begründung des FBA nicht aus. Denn auch ein rechtswidriger VA ist grds. wirksam (§§ 43, 44 VwVfG) und legitimiert den seiner Regelung entsprechenden Zustand. Deshalb ist in diesem Fall vor Geltendmachung des FBA die Aufhebung des VA erforderlich (durch die Behörde nach § 48 VwVfG oder durch das Gericht nach § 113 Abs. 1 S. 1 VwGO).

Beispiel: Die Einweisung bei drohender Obdachlosigkeit rechtfertigt die Nutzung der bisherigen Mietwohnung, solange die Einweisungsverfügung nicht aufgehoben oder durch Zeitablauf unwirksam geworden ist (§ 43 Abs. 2 VwVfG).

4. Fortdauernde Beeinträchtigung

Schließlich setzt der FBA eine **fortdauernde Beeinträchtigung** voraus. In Abgrenzung zu Schadensersatzansprüchen, die auch abgeschlossene Beeinträchtigungen erfassen, muss der rechtswidrige Zustand beim FBA noch andauern.

5. Keine Ausschlussgründe

Rechtsvernichtende Ausschlussgründe

Der FBA ist ausgeschlossen, wenn die Folgenbeseitigung

- tatsächlich oder rechtlich **unmöglich** oder
- **unzumutbar** ist oder
- sich als **unzulässige Rechtsausübung** darstellt.

a) Die Behörde muss **tatsächlich** und **rechtlich** in der Lage sein, die Folgenbeseitigung durchzuführen (vgl. auch § 113 Abs. 1 S. 3 Hs. 1 VwGO).

Beispiel: Tatsächlich unmöglich ist die Folgenbeseitigung beim Widerruf ehrbeeinträchtigender Werturteile, da diese anders als Tatsachenbehauptungen nicht wahr oder unwahr sein können. Daher kann mit dem FBA nur der Widerruf unrichtiger Tatsachenbehauptungen verlangt werden, während bei Werturteilen nur ein Unterlassungsanspruch in Betracht kommt.

Verwaltungsrechtliche Ansprüche | **8. Abschnitt**

Rechtliche Unmöglichkeit liegt vor, wenn die Folgenbeseitigung nach der Rechtsordnung unzulässig ist. Sie spielt vor allem in Drittbeteiligungsfällen eine Rolle, wenn mit der Folgenbeseitigung die Belastung eines Dritten verbunden ist. In diesen Fällen besteht ein FBA nur, wenn die Behörde zum Einschreiten gegen den Dritten berechtigt ist.

Drittbeteiligungsfälle

Beispiel: Der Erlass einer Beseitigungsverfügung gegen den Bauherrn nach erfolgreicher Anfechtung der Baugenehmigung durch den Nachbarn setzt voraus, dass die Voraussetzungen der bauordnungsrechtlichen Ermächtigungsgrundlage für eine Beseitigungsverfügung erfüllt sind.

b) Der FBA ist außerdem ausgeschlossen, wenn der Behörde die Beseitigung **nicht zumutbar** ist (Rechtsgedanke des § 74 Abs. 2 S. 3 VwVfG). Das Kriterium der Zumutbarkeit wird von der Rspr. insbes. dann herangezogen, wenn die Folgenbeseitigung einen extrem hohen Aufwand erfordert und daher unverhältnismäßig ist.

Folgenbeseitigung unzumutbar nur bei extrem hohem Aufwand

Beispiel: Ist eine Straße nur geringfügig auf dem Grundstück des E errichtet worden, würde die Verlegung der Straße Kosten verursachen, die in keinem Verhältnis zu der geringen Beeinträchtigung des Eigentümers stehen.

c) Eine **unzulässige Rechtsausübung** liegt z.B. vor, wenn der Bürger durch ein früheres Verhalten einen Vertrauenstatbestand geschaffen hat (venire contra factum proprium) oder wenn die Beseitigung eines (noch) rechtswidrigen Zustandes verlangt wird, obwohl die Legalisierung unmittelbar bevorsteht.

Unzulässige Rechtsausübung

Beispiel: Die zeitlich befristete Obdachloseneinweisung ist zwar abgelaufen, wird aber mit Sicherheit verlängert werden.

III. Rechtsfolge

Seiner Rechtsfolge nach richtet sich der FBA auf die Beseitigung der zurechenbaren Folgen des Verwaltungshandelns, d.h. auf **Wiederherstellung des früheren Zustandes** (des status quo ante).

Wiederherstellung des früheren Zustandes, kein Schadensersatz, keine allgemeine Wiedergutmachung

Beispiele: Rückgabe sichergestellter Gegenstände, Rückzahlung rechtswidrig erhobener Abgaben, Widerruf unrichtiger Tatsachenbehauptungen.

Der FBA ist **kein Schadensersatzanspruch** und auch **kein allgemeiner Wiedergutmachungsanspruch**. Er ist insbes. nicht auf Naturalrestitution gerichtet. Denn Naturalrestitution bedeutet nicht Wiederherstellung des **früheren** Zustandes, sondern des jetzigen Zustandes, der bestehen würde, wenn der zum Ersatz verpflichtende Umstand nicht eingetreten wäre (§ 249 Abs. 1 BGB). Anders als beim Schadensersatzanspruch kommt es beim FBA daher auf den hypothetischen Geschehensablauf nicht an (Restitution, nicht Kompensation).

73

Check: Verwaltungsrechtliche Ansprüche

1. Woraus lässt sich der ör Abwehr- und Unterlassungsanspruch dogmatisch herleiten?

1. Der Anspruch wird überwiegend unmittelbar aus der Abwehrfunktion der Grundrechte hergeleitet. Andere greifen auf den Rechtsgedanken des § 1004 BGB zurück. Jedenfalls ist der Anspruch gewohnheitsrechtlich anerkannt.

2. Welches sind die Voraussetzungen des allgemeinen ör Abwehr- und Unterlassungsanspruchs?

2. Voraussetzungen des allgemeinen ör Abwehr- und Unterlassungsanspruchs sind:
- hoheitliches Handeln,
- Eingriff in ein subjektives Recht,
- Eingriff rechtswidrig,
- Eingriff dauert an oder steht bevor.

3. Welche beiden Arten des FBA lassen sich begrifflich unterscheiden?

3. Im Vordergrund steht der sog. Vollzugs-FBA, der die Beseitigung der rechtswidrigen Folgen eines VA erfasst. Der allgemeine FBA umfasst demgegenüber die rechtswidrigen Folgen schlichten Verwaltungshandelns.

4. Woraus lässt sich der FBA dogmatisch herleiten?

4. Der FBA wird überwiegend aus der Abwehrfunktion der Grundrechte oder aus dem Rechtsstaatsprinzip (Art. 20 Abs. 3 GG) hergeleitet. Andere greifen auf den Rechtsgedanken des § 1004 BGB zurück. Heute ist der FBA gewohnheitsrechtlich anerkannt.

5. Welches sind die Voraussetzungen des FBA?

5. Voraussetzungen des FBA sind:
- hoheitliches Handeln,
- Eingriff in ein subjektives Recht,
- Schaffung eines rechtswidrigen Zustandes,
- Fortdauer des rechtswidrigen Zustandes,
- keine Ausschlussgründe.

6. Welche Konsequenzen ergeben sich für den FBA, wenn der Zustand durch einen VA gedeckt ist?

6. Da der VA den Zustand legitimiert, solange er wirksam ist (§ 43 VwVfG), ist zunächst eine Aufhebung des VA erforderlich, bevor der FBA durchgesetzt werden kann (vgl. § 113 Abs. 1 S. 1 u. S. 2 VwGO).

7. Welche Ausschlussgründe können dem FBA entgegenstehen?

7. Der FBA ist ausgeschlossen, wenn die Folgenbeseitigung tatsächlich oder rechtlich unmöglich oder unzumutbar ist oder sich als unzulässige Rechtsausübung darstellt.

8. Welchen Anspruchsinhalt hat der FBA?

8. Aufgrund des FBA kann die Wiederherstellung des früheren Zustandes verlangt werden (kein Schadensersatz, keine allgemeine Wiedergutmachung).

9. Abschnitt: Öffentliche Ersatzleistungen

Das Recht der öffentlichen Ersatzleistungen bildet kein in sich geschlossenes Rechtsgebiet, sondern hat sich historisch aus verschiedenen Grundgedanken entwickelt. Hierzu zählen:

Haftungsgrundlagen im Öffentlichen Recht

- die Haftung des Staates wegen **Pflichtverletzungen**,

- Ersatzansprüche bei Eingriffen in das Eigentum (Art. 14 GG), insbes. die **Enteignung** und

- Ersatzansprüche bei Eingriffen in nichtvermögenswerte Rechte (insbes. Freiheit, Gesundheit), die sog. **Aufopferung**.

A. Haftung für Pflichtverletzungen

Eine Haftung des Staates wegen rechtswidrigen Verhaltens kann sich aus verschiedenen Aspekten ergeben:

Unrechtshaftung des Staates
■ Amtshaftung (§ 839 BGB, Art. 34 S. 1 GG)
■ Unrechtshaftung nach OBG, PolG etc.
■ unionsrechtliche Staatshaftung
■ vertragliche und vertragsähnliche Ersatzansprüche

I. Amtshaftung

Die Haftung des Staates für **rechtswidriges, schuldhaftes Verhalten** seiner Amtswalter richtet sich im hoheitlichen Bereich in erster Linie nach § 839 BGB i.V.m. Art. 34 GG.

1. Rechtliche Konstruktion

Ausgangspunkt ist hierbei die auf Schadensersatz gerichtete Norm des § 839 BGB, der an sich eine persönliche Haftung des Beamten begründet. Hieran knüpft Art. 34 S. 1 GG und ändert die sich aus § 839 BGB ergebende Rechtslage in zweierlei Hinsicht:

Art. 34 GG modifiziert § 839 BGB.

- Die Amtshaftung besteht nicht nur für Beamte, sondern für **jeden Amtswalter**, der hoheitlich handelt (haftungsrechtlicher Beamtenbegriff).

- Die Haftung des Beamten wird **auf den Staat übergeleitet**. Schuldner ist also nicht mehr der Beamte, sondern der hinter ihm stehende Verwaltungsträger.

1. Teil Allgemeines Verwaltungsrecht

! *§ 839 BGB und Art. 34 GG bilden deshalb eine **einheitliche Anspruchs-grundlage**.*

2. Voraussetzungen der Amtshaftung

Aufbauschema: Amtshaftung (§ 839 BGB, Art. 34 GG)
■ **hoheitliches Handeln**
■ **Verletzung einer** einem Dritten gegenüber obliegenden **Amtspflicht**
■ **Verschulden** (Vorsatz, Fahrlässigkeit)
■ **kein Haftungsausschluss** (§ 839 Abs. 1 S. 2, § 839 Abs. 3 BGB).

a) Hoheitliches Handeln

§ 839 BGB, Art. 34 GG nur bei hoheitlichen Maßnahmen; §§ 823 ff. BGB bei privatrechtlichem Verwaltungshandeln

Die Amtshaftung nach § 839 BGB, Art. 34 GG setzt voraus, dass jemand in Ausübung eines ihm anvertrauten öffentlichen Amtes gehandelt hat. Die Amtshaftung erfasst daher nur die öffentlichrechtliche, d.h. **hoheitliche** Tätigkeit der Verwaltung. Handelt die Verwaltung dagegen privatrechtlich, richtet sich die Haftung – wie bei jedem Bürger auch – nach den §§ 823 ff. BGB.

Beispiele: Die Haftung für die Erteilung einer rechtswidrigen Baugenehmigung richtet sich nach § 839 BGB, Art. 34 GG. Für Pflichtverletzungen beim privatrechtlichen Betrieb einer öffentlichen Einrichtung wird dagegen nach §§ 823 ff. BGB gehaftet.

b) Amtspflichtverletzung

Wesentliche Voraussetzung der Amtshaftung ist die Verletzung einer einem Dritten gegenüber obliegenden Amtspflicht.

aa) Amtspflichten können sich aus Gesetz, RechtsVO oder Satzung, aber auch aus Verwaltungsvorschriften ergeben (Amtspflicht, nicht Rechtspflicht!).

Wichtigste Amtspflichten:
■ Pflicht zu rechtmäßigem Verwaltungshandeln
■ keine unerlaubten Handlungen

Wichtigste Amtspflicht ist die **Pflicht zu rechtmäßigem Verwaltungshandeln** (Art. 20 Abs. 3 GG). Eine besondere Ausprägung ist die Pflicht, bei der Amtsausübung **keine unerlaubte Handlung** zu begehen.

Beispiele: Rechtswidrige Eingriffe in das Eigentum, die Gesundheit oder das allgemeine Persönlichkeitsrecht stellen stets eine Amtspflichtverletzung dar.

Außerdem besteht die Amtspflicht, **Auskünfte** richtig und vollständig zu erteilen. Schließlich können sich im Einzelfall Aufklärungs- und Beratungspflichten ergeben (vgl. z.B. § 25 VwVfG).

76

Öffentliche Ersatzleistungen   **9. Abschnitt**

bb) Die Amtspflicht muss einem **Dritten gegenüber** bestehen, d.h. die Amtspflicht muss **individualschützend** sein. Dies richtet sich – wie bei der Klagebefugnis (§ 42 Abs. 2 VwGO) im Prozessrecht (dazu unten S. 112) – nach der sog. **Schutznormtheorie**: Die verletzte Amtspflicht darf nicht nur im Interesse der Allgemeinheit bestehen, sondern muss zumindest auch dem Schutz der Individualinteressen des Einzelnen zu dienen bestimmt sein.

Drittbezogenheit der Amtspflicht

Beispiele: Nicht drittschützend sind grds. die beim Erlass von Rechtsnormen bestehenden Amtspflichten, da hier Aufgaben gegenüber der Allgemeinheit, nicht aber gegenüber bestimmten Personen wahrgenommen werden (keine Haftung für legislatives Unrecht). Bei der Erteilung einer Baugenehmigung begründen zugunsten des Nachbarn nur die nachbarschützenden Vorschriften eine drittbezogene Amtspflicht.

Der Individualschutz muss in **persönlicher und sachlicher Hinsicht** bestehen. Das heißt der Geschädigte muss zum geschützten Personenkreis gehören (also z.B. Nachbar sein). Außerdem muss die Amtspflicht den Zweck verfolgen, gerade die geltend gemachte Beeinträchtigung und die sich daraus ergebenden nachteiligen Folgen zu verhindern (sachlicher Schutzbereich).

Persönlicher und sachlicher Schutzbereich

c) Verschulden

Die Amtspflichtverletzung muss vorsätzlich oder fahrlässig, also schuldhaft i.S.d. § 276 BGB erfolgt sein. **Vorsätzlich** handelt der Amtswalter, wenn er zumindest billigend in Kauf nimmt, gegen eine Amtspflicht zu verstoßen. **Fahrlässig** handelt er, wenn er bei Anwendung eines objektiven Sorgfaltsmaßstabs sein Verhalten als amtspflichtwidrig hätte erkennen können.

Verschulden: Vorsatz oder Fahrlässigkeit

Beispiel: Ein Amtswalter handelt i.d.R. dann nicht schuldhaft, wenn ein Kollegialgericht sein Verhalten später als rechtmäßig beurteilt. Denn von dem Beamten können grds. keine besseren Rechtskenntnisse verlangt werden als von einem mit mehreren Richtern besetzten Gericht.

d) Kein Haftungsausschluss

aa) Ist die Amtspflichtverletzung fahrlässig begangen, so besteht ein Amtshaftungsanspruch nur, wenn der Verletzte nicht auf andere Weise Ersatz zu erlangen vermag (§ 839 Abs. 1 S. 2 BGB), sog. **Subsidiaritätsklausel**. In der Klausur muss an dieser Stelle inzident geprüft werden, ob der Geschädigte **Ansprüche gegen Dritte** hat. Ist dies der Fall, ist der Amtshaftungsanspruch ausgeschlossen. Allerdings wird die Subsidiaritätsklausel heute einschränkend ausgelegt. Sie gilt nicht, wenn sie zu einer unbilligen Haftungsfreistellung des Staates führen würde.

§ 839 Abs. 1 S. 2 BGB: Subsidiarität der Amtshaftung bei Fahrlässigkeit

77

1. Teil Allgemeines Verwaltungsrecht

§ 839 Abs. 1 S. 2 BGB ist grds. nicht anwendbar bei der Teilnahme am Straßenverkehr, da alle Verkehrsteilnehmer haftungsrechtlich gleichbehandelt werden sollen. Ebenso gilt § 839 Abs. 1 S. 2 BGB nicht für Ansprüche, die der Geschädigte durch eigene Leistungen verdient hat und die nicht zu einer Haftungsbefreiung des Staates führen dürfen (z.B. Ansprüche aus Lebens-, Kranken- oder Unfallversicherungen).

§ 839 Abs. 3 BGB: Vorrang des Primärrechtsschutzes: kein Dulde und Liquidiere

bb) Der Amtshaftungsanspruch ist außerdem ausgeschlossen, wenn es der Verletzte schuldhaft unterlassen hat, den Schaden durch Gebrauch eines **Rechtsmittels** abzuwenden (§ 839 Abs. 3 BGB). Der Bürger soll abwehrbare Schäden nicht klaglos hinnehmen, um diese später geltend zu machen (kein „Dulde und Liquidiere").

Beispiel: Der Amtshaftungsanspruch ist ausgeschlossen, wenn der Betroffene es schuldhaft versäumt hat, gegen einen rechtswidrigen VA Widerspruch und Anfechtungsklage zu erheben.

3. Rechtsfolge

Schadensersatz nach §§ 249 ff. BGB in Geld, keine Naturalrestitution

Sind die Voraussetzungen des § 839 BGB, Art. 34 GG erfüllt, ist der **Schaden** auszugleichen, der durch die Amtspflichtverletzung zurechenbar verursacht worden ist. Für den **Umfang des Anspruchs** gelten die allgemeinen Vorschriften in §§ 249 ff. BGB. Der Anspruch umfasst auch den entgangenen Gewinn (§ 252 BGB) und unter den Voraussetzungen des § 253 Abs. 2 BGB auch Schmerzensgeld. Er ist allerdings **stets auf Geld** gerichtet (§ 251 BGB). Naturalrestitution gemäß § 249 Abs. 1 BGB ist ausgeschlossen, da der nach § 839 BGB an sich verantwortliche Beamte nur auf Geld, nicht auf Vornahme einer Amtshandlung in Anspruch genommen werden könnte. Die Überleitung auf den Staat durch Art. 34 S. 1 GG ändert an diesem Haftungsinhalt nichts. Ein etwaiges **Mitverschulden** des Geschädigten ist nach § 254 BGB zu berücksichtigen.

II. Ordnungsrechtliche Unrechtshaftung

Verschuldensunabhängige Haftung im POR

Neben der Amtshaftung aus § 839 BGB, Art. 34 GG besteht in den meisten Ländern ein Anspruch auf Entschädigung, wenn jemand durch eine **rechtswidrige Maßnahme** der Polizei- oder Ordnungsbehörden einen Schaden erleidet (auf Bundesebene vgl. z.B. § 51 Abs. 2 Nr. 1 BPolG). Anders als die Amtshaftung ist die ordnungsrechtliche Unrechtshaftung **verschuldensunabhängig**.

III. Unionsrechtliche Staatshaftung

Klausurhinweis: Erst § 839 BGB, Art. 34 GG, dann unionsrechtliche Staatshaftung prüfen!

Bei Verstößen gegen das primäre oder sekundäre Unionsrecht hat der EuGH neben der Amtshaftung das eigenständige Rechtsinstitut der unionsrechtlichen Staatshaftung geschaffen. Dieser ungeschriebene Anspruch ergibt sich unmittelbar aus dem Unionsrecht.

78

1. Haftungsvoraussetzungen

Die unionsrechtliche Staatshaftung hat nach der Rspr. des EuGH drei Voraussetzungen:

- Verletzung von **individualschützendem Unionsrecht**,

- Vorliegen eines **hinreichend qualifizierten Verstoßes**,

- **unmittelbarer Kausalzusammenhang** zwischen Pflichtverletzung und Schaden.

Ein **Verschulden**, wie es der nationale Amtshaftungsanspruch verlangt (s.o. S. 77), ist im Unionsrecht **nicht erforderlich**.

Verschuldensunabhängige Staatshaftung

Beispiele: Haftung des Staates wegen nicht rechtzeitiger Umsetzung von individualschützenden EU-Richtlinien (Art. 288 Abs. 3 AEUV), bei unzulässigen Einfuhrbeschränkungen (Art. 34 AEUV), bei legislativem Unrecht und bei offensichtlich europarechtswidrigen gerichtlichen Entscheidungen.

2. Rechtsfolgen

Während sich der Haftungstatbestand aus dem Unionsrecht ergibt, richten sich die **Haftungsfolgen** im Wesentlichen nach nationalem Recht. Allerdings darf das nationale Recht die Durchsetzung des Anspruchs nicht praktisch unmöglich machen oder übermäßig erschweren (Effektivitätsgrundsatz).

Haftungsfolgen nach nationalem Recht

So ist z.B. die Subsidiaritätsklausel (§ 839 Abs. 1 S. 2 BGB) unanwendbar, weil es sich bei der unionsrechtlichen Haftung um eine unmittelbare Staatshaftung handelt. Anwendbar ist dagegen der Rechtsgedanke des § 839 Abs. 3 BGB.

IV. Vertragliche und vertragsähnliche Haftung

1. Haftungsgrundlage

Wie im Privatrecht können auch im Öffentlichen Recht neben den deliktischen Ansprüchen **vertragliche Schadensersatzansprüche** bestehen. Dies gilt insbesondere für den öffentlich-rechtlichen Vertrag, wo bei Pflichtverletzungen über § 62 S. 2 VwVfG Schadensersatzansprüche z.B. aus § 280 BGB bestehen können.

Haftung analog § 280 BGB

Aus § 40 Abs. 2 S. 1 VwGO ergibt sich jedoch, dass es neben dem ör Vertrag auch noch andere **Sonderbeziehungen** mit vertragsähnlicher Haftung gibt („öffentlich-rechtliche Pflichten, die nicht auf einem öffentlich-rechtlichen Vertrag beruhen"). In der Rspr. ist daher anerkannt, dass die Regeln des vertraglichen Schuldrechts sinngemäß heranzuziehen sind, wenn zwischen Staat und Bürger ein enges, besondere Rechte und Pflichten begründendes Rechtsverhältnis und ein **sachlicher Grund** besteht, neben deliktischen Ansprü-

Vertragsähnliche Sonderbeziehungen

1. Teil — Allgemeines Verwaltungsrecht

Vertragsähnliche Haftung insbes. bei
- *ör Verwahrung*
- *ör Leistungs- und Benutzungsverhältnis*
- *Beamtenverhältnis*

chen auch Schadensersatzansprüche analog § 280 BGB zu gewähren. Anerkannt ist eine solche **vertragsähnliche Haftung** insbes. bei der öffentlich-rechtlichen Verwahrung, bei öffentlich-rechtlichen Leistungs- und Benutzungsverhältnissen und im Beamtenrecht.

2. Anspruchsvoraussetzungen

Anspruchsvoraussetzung eines Schadensersatzanspruchs analog § 280 BGB ist das Vorliegen einer schuldhaften Pflichtverletzung.

Aufbauschema: Schadensersatz analog § 280 BGB

- **Anwendbarkeit**
  - ör Vertrag
  - vertragsähnliche Sonderbeziehungen
- **Pflichtverletzung**
- **Verschulden** (Vorsatz, Fahrlässigkeit)
- **Rechtsfolge:** Schadensersatz

B. Entschädigung bei Eingriffen in das Eigentum (Art. 14 GG)

Haftungsgrundlagen bei Eingriffen in das Eigentum

Ersatzansprüche bei Eingriffen in das Eigentum können sich aus vier Gesichtspunkten ergeben:

- **Enteignungsentschädigung** (Art. 14 Abs. 3 GG),

- **ausgleichspflichtige Inhaltsbestimmungen** (Art. 14 Abs. 1 S. 2 GG),

- **enteignungsgleicher Eingriff** und

- **enteignender Eingriff**.

I. Enteignungsentschädigung

Enteignung nur bei Eigentumsentzug, nicht bei Eigentumsbeschränkung

1. Enteignung ist der **zielgerichtete Zugriff** auf das Eigentum des Einzelnen, mit der eine konkrete **Eigentumsposition** ganz oder teilweise **entzogen** wird (Art. 14 Abs. 3 GG). Die Enteignung ist ein Güterbeschaffungsvorgang.

Beispiel: Enteignung eines Grundstücks für den Straßenbau (§§ 19, 19 a FStrG).

Bloße **Eigentumsbeschränkungen** durch Begründung von Pflichten des Eigentümers sind daher keine Enteignung, sondern Inhalts- und Schrankenbestimmungen (Art. 14 Abs. 1 S. 2 GG).

80

Öffentliche Ersatzleistungen   **9. Abschnitt**

Beispiele: Nutzungsbeschränkungen im Denkmal- und Naturschutzrecht sind, auch wenn sie besonders schwerwiegend sind, keine Enteignung, sondern Inhalts- und Schrankenbestimmungen i.S.d. Art. 14 Abs. 1 S. 2 GG.

2. Eine Enteignung darf nur durch oder aufgrund eines Gesetzes erfolgen, das Art und Ausmaß der Entschädigung regelt (Art. 14 Abs. 3 S. 2 GG), sog. **Junktimklausel**. Die Entschädigung ist unter gerechter Abwägung der Interessen der Allgemeinheit und der Beteiligten zu bestimmen (Art. 14 Abs. 3 S. 3 GG). Anders als bei der Amtshaftung besteht daher kein Anspruch auf vollen Ausgleich der Vermögensnachteile, sondern nur auf **angemessene Entschädigung**.

Junktimklausel: Enteignung nur gegen Entschädigung

3. Fehlt eine Entschädigungsregelung oder entspricht sie nicht den Anforderungen des Art. 14 Abs. 3 GG, ist das Enteignungsgesetz verfassungswidrig und damit nichtig. Die darauf gestützte Enteignung ist rechtswidrig. Der Bürger kann und muss sich gegen die Maßnahme wehren. Eine Entschädigung kann er bei **Nichtigkeit des Gesetzes** nicht verlangen (kein „Dulde und Liquidiere").

Keine Entschädigung bei rechtswidrigem Enteignungsgesetz, sondern Abwehrpflicht

II. Ausgleichspflichtige Inhaltsbestimmungen

1. Inhalts- und Schrankenbestimmungen (Art. 14 Abs. 1 S. 2 GG) sind grds. **entschädigungslos** hinzunehmen. Belasten sie den Betroffenen so sehr, dass sie auch unter Berücksichtigung der Sozialbindung des Eigentums (Art. 14 Abs. 2 GG) **nicht mehr zumutbar** sind, so ist die Regelung unverhältnismäßig und damit verfassungswidrig. Sie bleibt aber Inhalts- und Schrankenbestimmung und schlägt nicht in eine Enteignung um.

Inhalts- und Schrankenbestimmungen grds. entschädigungslos

2. Der Gesetzgeber kann dem Betroffenen aber zum **Ausgleich der Belastung** eine Entschädigung gewähren und so die Belastung abmildern. Dadurch wird die an sich unverhältnismäßige Maßnahme (wieder) verhältnismäßig und damit rechtmäßig (sog. **ausgleichspflichtige Inhaltsbestimmung**).

Ausgleichspflichtige Inhaltsbestimmung zur Abmilderung der Belastung

Beispiel: Der Atomausstieg ist ohne angemessene Entschädigung für die sog. Reststrommengen unverhältnismäßig (BVerfG RÜ 2017, 114, 120 f.).

III. Enteignungsgleicher Eingriff

1. Von einem enteignungsgleichen Eingriff spricht man bei rechtswidrigen Eigentumseingriffen. Wenn schon rechtmäßige Eingriffe nach Art. 14 Abs. 3 S. 2 GG eine Entschädigung auslösen, muss dies erst recht für rechtswidrige Maßnahmen gelten. Grundlage ist der **gewohnheitsrechtliche Aufopferungsgedanke**, der bereits im Preußischen Allgemeinen Landrecht verankert war (also nicht analog Art. 14 Abs. 3 GG, wie es die Rspr. früher angenommen hatte).

Grundlage: gewohnheitsrechtlicher Aufopferungsgedanke

81

Rechtswidriger Eingriff in das Eigentum durch Einzelakt	**2.** Ein Anspruch wegen enteignungsgleichen Eingriffs setzt voraus, dass durch einen hoheitlichen Einzelakt **rechtswidrig** in eine durch Art. 14 Abs. 1 GG geschützte Rechtsposition unmittelbar eingegriffen wird und dem Betroffenen dadurch ein besonderes Opfer (Sonderopfer) auferlegt wird. Ein Verschulden ist nicht erforderlich.

Beispiele: rechtswidrige Ablehnung einer Genehmigung, faktische Bausperre durch Verzögerung der Erteilung einer Baugenehmigung.

Kein Dulde und Liquidiere	Aufgrund des **Vorrangs des Primärrechtsschutzes** ist der Anspruch analog § 254 BGB ausgeschlossen, wenn der Betroffene es schuldhaft unterlassen hat, den Schaden durch Rechtsbehelfe abzuwehren.

IV. Enteignender Eingriff

Atypische Folgen einer an sich rechtmäßigen Verwaltungsmaßnahme	**1.** Während es beim enteignungsgleichen Eingriff um rechtswidrige Eingriffe in das Eigentum geht, spricht man von einem enteignenden Eingriff, wenn die Eigentumsbeeinträchtigung eine faktische, meist atypische und unvorhergesehene Nebenfolge eines an sich **rechtmäßigen Verwaltungshandelns** ist. Eine Entschädigung wird gewährt, wenn die Folgen besonders schwerwiegend und deshalb unzumutbar sind.

Beispiele: Beschädigung eines Gebäudes durch Straßenbauarbeiten, Überflutungsschäden durch gemeindliche Abwasseranlagen bei Starkregen.

Rechtsgrundlage: gewohnheitsrechtlicher Aufopferungsanspruch	**2. Rechtsgrundlage** ist auch hier der gewohnheitsrechtliche Aufopferungsanspruch, soweit keine Spezialregelungen bestehen. Die Voraussetzungen des Anspruchs entsprechen – bis auf die Rechtswidrigkeit – denen des enteignungsgleichen Anspruchs. Da die nachteiligen Folgen zumeist nicht vorhersehbar und damit nicht abwehrbar sind, greift der Rechtsgedanke des § 254 BGB i.d.R. nicht ein.

C. Allgemeiner Aufopferungsanspruch

Allgemeiner Aufopferungsanspruch bei Eingriffen in Rechte des Art. 2 Abs. 2 GG nur wenn Spezialregelung fehlt	Während es bei den Ansprüchen wegen Enteignung, enteignungsgleichen und enteignenden Eingriffs um Eingriffe in das Eigentum geht, gleicht der allgemeine Aufopferungsanspruch Eingriffe in **nichtvermögenswerte Rechtsgüter** wie Leben, Gesundheit und Freiheit (Art. 2 Abs. 2 GG) aus. Er geht zurück auf §§ 74, 75 der Einleitung zum Preußischen Allgemeinen Landrecht (EALR). In diesem Bereich bestehen mittlerweile eine Vielzahl von Spezialregelungen, die den allgemeinen Aufopferungsanspruch verdrängen. Dessen Anwendungsbereich ist daher gering (zu Einzelheiten AS-Skript Verwaltungsrecht AT 2).

Check: Öffentliche Ersatzleistungen

1. Worum geht es im Recht der öffentlichen Ersatzleistungen?

1. Gegenstand der öffentlichen Ersatzleistungen sind

■ die Haftung des Staates wegen Pflichtverletzungen,

■ Ansprüche bei Eingriffen in das Eigentum (Art. 14 GG),

■ Ansprüche bei Eingriffen in nichtvermögenswerte Rechte i.S.d. Art. 2 Abs. 2 GG.

2. Nennen Sie die wesentlichen Anspruchsgrundlagen für Schadensersatz bei rechtswidrigem Verwaltungshandeln!

2. Bei rechtswidrigen Maßnahmen kommen insbes. in Betracht:

■ die Amtshaftung (§ 839 BGB, Art. 34 GG),

■ die Unrechtshaftung nach dem PolG, OBG etc.,

■ die unionsrechtliche Staatshaftung,

■ § 280 BGB analog.

3. Welche Voraussetzungen hat der Amtshaftungsanspruch gemäß § 839 BGB, Art. 34 GG?

3. Voraussetzungen sind:

■ hoheitliches Handeln,

■ Verletzung einer drittbezogenen Amtspflicht,

■ Verschulden,

■ kein Haftungsausschluss.

4. Was versteht man unter Verletzung einer drittbezogenen Amtspflicht?

4. Die die Amtspflicht begründende Vorschrift (Gesetz, RechtsVO, Satzung, Verwaltungsvorschrift) darf nicht nur den Interessen der Allgemeinheit, sondern muss zumindest auch dem Schutz der Interessen des Geschädigten zu dienen bestimmt sein.

5. Welche Ansprüche kommen bei Eingriffen in das Eigentum in Betracht?

5. Ansprüche bei Eingriffen in das Eigentum können sich ergeben:

■ als Enteignungsentschädigung (Art. 14 Abs. 3 GG),

■ als ausnahmsweise ausgleichspflichtige Inhalts- und Schrankenbestimmung (Art. 14 Abs. 1 S. 2 GG),

■ wegen enteignungsgleichen Eingriffs und

■ wegen enteignenden Eingriffs.

6. Worin unterscheidet sich der enteignende Eingriff vom enteignungsgleichen Eingriff?

6. Während es beim enteignungsgleichen Eingriff um rechtswidrige Maßnahmen geht, erfasst der enteignende Eingriff faktische, meist atypische und nicht vorhersehbare Nebenfolgen einer rechtmäßigen Maßnahme.

7. Wann ist der allgemeine Aufopferungsanspruch einschlägig?

7. Beim allgemeinen Aufopferungsanspruch geht es um Eingriffe in nichtvermögenswerte Rechtsgüter i.S.d. Art. 2 Abs. 2 GG (Leben, Körper, Gesundheit, Freiheit).

2. Teil: Verwaltungsprozessrecht

1. Abschnitt: Einleitung

A. Verwaltungsgerichtliche Klausuren

Prozessualer Einstieg als typische Examensklausur

Anders als im Zivilrecht und im Strafrecht sind die meisten Klausuren im Öffentlichen Recht unmittelbar mit einer **prozessualen Fragestellung** verbunden (Fallfrage: „Hat die Klage Aussicht auf Erfolg?" oder „Wie wird das Verwaltungsgericht entscheiden?").

Verwaltungsgerichtliche Klagen können nur Erfolg haben, soweit sie zulässig und begründet sind:

Unterscheidung zwischen Zulässigkeit und Begründetheit

■ Zur **Zulässigkeit** gehören die sog. Sachurteilsvoraussetzungen, also die prozessualen Voraussetzungen, die erfüllt sein müssen, damit das Gericht eine Entscheidung in der Sache trifft.

■ Die **Begründetheit** betrifft demgegenüber die Frage, ob der vom Kläger geltend gemachte Anspruch materiell besteht.

So der klassische zweistufige Aufbau, der (nur) nach Zulässigkeit und Begründetheit der Klage unterscheidet. Nach dem zum Teil vertretenen dreistufigem Aufbau sind die gerichtsbezogenen Sachurteilsvoraussetzungen (Rechtsweg, örtliche und sachliche Zuständigkeit des Gerichts) vor der Zulässigkeit zu erörtern (vgl. dazu AS-Skript VwGO).

B. Prüfung der Zulässigkeit

Die **Prüfung der Sachurteilsvoraussetzungen** (=Zulässigkeit der Klage) kann man grob in vier Oberpunkte einteilen:

Zulässigkeit einer verwaltungsgerichtlichen Klage
■ Zulässigkeit des **Rechtswegs**
■ Statthaftigkeit der **Klageart**
■ **Besondere** Sachurteilsvoraussetzungen
■ **Allgemeine** Sachurteilsvoraussetzungen

I. Rechtsweg

Verwaltungsrechtsweg kraft
■ Spezialzuweisung oder
■ § 40 Abs. 1 S. 1 VwGO

Vorrangig bei der Prüfung verwaltungsgerichtlicher Klagen ist die Frage, ob der **Rechtsweg** zu den Verwaltungsgerichten eröffnet ist. Dieser kann sich ergeben aus **Spezialzuweisungen** (z.B. § 54 Abs. 1 BeamtStG für beamtenrechtliche Klagen) oder aufgrund der **Generalklausel** des § 40 Abs. 1 S. 1 VwGO.

Ist der Rechtsweg zum Verwaltungsgericht nicht eröffnet, so spricht das Gericht dies aus und verweist den Rechtsstreit **von Amts wegen** durch Beschluss an das zuständige Gericht (§ 173 S. 1 VwGO, § 17 a Abs. 2 S. 1 GVG).

II. Klageart

Des Weiteren muss die gewählte **Klageart statthaft** sein. Statthaftigkeit bedeutet, dass die streitige Maßnahme „ihrer Art nach" mit dem gewählten Rechtsbehelf angefochten bzw. erstritten werden kann. Dies muss in der Klausur in jedem Fall festgestellt werden.

Statthaftigkeit

So ist die Abwehr eines (belastenden) VA nur mit der Anfechtungsklage (§ 42 Abs. 1 Fall 1 VwGO) möglich, während der Erlass eines (begünstigenden) VA mit der Verpflichtungsklage (§ 42 Abs. 1 Fall 2 VwGO) durchgesetzt werden muss. Rechtsnormen können verwaltungsgerichtlich unmittelbar nur im Normenkontrollverfahren nach § 47 VwGO überprüft werden.

III. Besondere Sachurteilsvoraussetzungen

Von der statthaften Klageart hängen **besondere Sachurteilsvoraussetzungen** ab, die für die jeweiligen Verfahrensarten unterschiedlich sein können. So sind Anfechtungs- und Verpflichtungsklagen nur zulässig, wenn der Kläger geltend macht, in seinen Rechten verletzt zu sein (sog. Klagebefugnis, § 42 Abs. 2 VwGO), grds. ein Vorverfahren (§ 68 Abs. 1 u. 2 VwGO) durchgeführt und die Klagefrist (§ 74 Abs. 1 u. 2 VwGO) gewahrt wurde. Für die Zulässigkeit einer Feststellungsklage ist als besondere Voraussetzung ein berechtigtes Interesse an der baldigen Feststellung erforderlich (sog. Feststellungsinteresse, § 43 Abs. 1 VwGO).

Besondere Sachurteilsvoraussetzungen sind abhängig von der jeweiligen Klageart

*Die besonderen Sachurteilsvoraussetzungen sind in der Klausur **stets** zu prüfen. Wenn sie unproblematisch sind, kann dies im verkürzten Gutachtenstil geschehen.*

Beispiel: „K kann geltend machen, in seiner durch Art. 12 Abs. 1 GG geschützten Berufsfreiheit verletzt zu sein und ist mithin gemäß § 42 Abs. 2 VwGO klagebefugt. Das nach § 68 Abs. 1 S. 1 VwGO erforderliche Vorverfahren hat K erfolglos durchgeführt. Die Klagefrist von einem Monat nach Zustellung des Widerspruchsbescheids (§ 74 Abs. 1 S. 1 VwGO) ist gewahrt."

IV. Allgemeine Sachurteilsvoraussetzungen

Im Übrigen gibt es eine Reihe allgemeiner Sachurteilsvoraussetzungen, die für **alle** Verfahren gelten. Dazu gehören z.B. die Beteiligten- und Prozessfähigkeit (§§ 61, 62 VwGO), die ordnungsgemäße Klageerhebung (§§ 81, 82 VwGO) sowie das Rechtsschutzbedürfnis.

Allgemeine Sachurteilsvoraussetzungen gelten für alle Verfahren!

Die allgemeinen Sachurteilsvoraussetzungen sind in der Klausur nur zu erörtern, soweit der Sachverhalt hierzu Anhaltspunkte enthält.

2. Teil — Verwaltungsprozessrecht

Allerdings ist es üblich die Beteiligten- und Prozessfähigkeit i.d.R. im Urteilsstil festzustellen: „K ist als natürliche Person gemäß § 61 Nr. 1 Alt. 1 VwGO, das Land als juristische Person des öffentlichen Rechts gemäß § 61 Nr. 1 Alt. 2 VwGO beteiligtenfähig. Die Prozessfähigkeit des K folgt aus § 62 Abs. 1 Nr. 1 VwGO, das beklagte Land wird nach § 62 Abs. 3 VwGO vertreten."

2. Abschnitt: Eröffnung des Verwaltungsrechtswegs

Das Verwaltungsgericht darf eine Entscheidung in der Sache nur treffen, wenn der **Verwaltungsrechtsweg** eröffnet ist. Dieser kann sich ergeben aus

- **speziellen Rechtswegzuweisungen** an das Verwaltungsgericht oder

- der **Generalklausel** des § 40 Abs. 1 S. 1 VwGO.

A. Aufdrängende Spezialzuweisungen

Aufdrängende Spezialzuweisungen sind grds. nur kraft Bundesrechts möglich. § 40 Abs. 1 S. 2 VwGO gilt nur für abdrängende Zuweisungen an andere Gerichte (s.u. S. 89).

Die wichtigste spezialgesetzliche Zuweisung zum Verwaltungsgericht besteht bei beamtenrechtlichen Klagen (§ 126 Abs. 1 BBG für Bundesbeamte, § 54 Abs. 1 BeamtStG für Landesbeamte). Danach ist für alle Klagen der Beamten, Ruhestandsbeamten, früheren Beamten und der Hinterbliebenen *„aus dem Beamtenverhältnis"* sowie für Klagen des Dienstherrn der Verwaltungsrechtsweg gegeben.

Beispiele: Klage des Beamten gegen eine Versetzung oder Umsetzung, Klage des Beamten auf Zahlung von Besoldungs- oder Versorgungsbezügen sowie beamtenrechtliche Konkurrentenklagen, aber auch die Klage auf Begründung eines Beamtenverhältnisses.

Weitere spezialgesetzliche Zuweisungen zum Verwaltungsgericht finden sich vor allem in neueren Bundesgesetzen, z.B. § 54 BAföG für öffentlich-rechtliche Streitigkeiten über Ausbildungsförderung und § 6 Abs. 1 UIG für Umweltinformationen auf Bundesebene.

B. Generalklausel des § 40 Abs. 1 S. 1 VwGO

Soweit eine Rechtsstreitigkeit nicht schon durch eine vorrangige Spezialregelung den Verwaltungsgerichten zugewiesen ist, ist die Zulässigkeit des Verwaltungsrechtswegs anhand der **Generalklausel** des § 40 Abs. 1 S. 1 VwGO zu beurteilen. Danach ist der Verwaltungsrechtsweg in allen öffentlich-rechtlichen Streitigkeiten nichtverfassungsrechtlicher Art gegeben, soweit die Streitigkeiten nicht einem anderen Gericht ausdrücklich zugewiesen sind (sog. abdrängende Sonderzuweisung).

Eröffnung des Verwaltungsrechtswegs

2. Abschnitt

Generalklausel des § 40 Abs. 1 S. 1 VwGO
■ öffentlich-rechtliche Streitigkeit
■ nichtverfassungsrechtlicher Art
■ keine abdrängende Sonderzuweisung

I. Öffentlich-rechtliche Streitigkeit

Die Beurteilung, ob eine Streitigkeit öffentlich-rechtlicher oder privatrechtlicher Natur ist, richtet sich nach der Rechtsnatur des Rechtsverhältnisses, aus dem der Klageanspruch hergeleitet wird. Öffentlich-rechtlich ist die Streitigkeit, wenn

■ ein Verwaltungsträger **eindeutig** von ihm (angeblich) zustehenden hoheitlichen Befugnissen Gebrauch gemacht hat oder

■ die streitentscheidende Norm eine **Vorschrift des öffentlichen Rechts** ist.

1. Eindeutige Maßnahmen

Eindeutig öffentlich-rechtlich ist die Streitigkeit bei Maßnahmen der Eingriffsverwaltung (vornehmlich im Polizei- und Ordnungsrecht) oder wenn sich der Verwaltungsträger eindeutig auf hoheitliche Befugnisse stützt. Hier liegt stets eine öffentlich-rechtliche Streitigkeit i.S.d. § 40 Abs. 1 S. 1 VwGO vor, selbst wenn die Maßnahme eine privatrechtliche Rechtsbeziehung betrifft (z.B. Kündigung eines Angestellten durch VA).

Eindeutig öffentlich-rechtliche Maßnahmen

Die Frage, wie die Behörde hätte handeln müssen, ist keine Frage der Rechtsnatur der Maßnahme, sondern ihrer Rechtmäßigkeit. Selbstverständlich ist die Kündigung durch VA mangels entsprechender Befugnis rechtswidrig, entschieden wird darüber im Verwaltungsrechtsweg.

!

2. Streitentscheidende Norm

Im Übrigen ist entscheidend, ob die **streitentscheidende Norm öffentlich-rechtlich** ist. Ob eine Norm öffentlich-rechtlich ist, beurteilt sich nach den allgemeinen für die Abgrenzung des öffentlichen Rechts vom Privatrecht entwickelten Kriterien.

Streitentscheidende Norm muss öffentlich-rechtlich sein

Typischerweise ist mit der modifizierten Subjektstheorie darauf abzustellen, ob die Norm einen Hoheitsträger als solchen berechtigt und verpflichtet (s.o. S. 4).

a) Wird ein **Abwehranspruch** geltend gemacht, so richtet sich die Rechtsnatur der Streitigkeit nach der Rechtsnatur des abzuwehrenden Verwaltungshandelns.

Abwehranspruch

87

Die Klage gegen eine Ordnungsverfügung ist nach § 40 Abs. 1 S. 1 VwGO vor dem Verwaltungsgericht zu erheben, auch wenn der Kläger geltend macht, nicht Eigentümer und damit nicht als Zustandsstörer verantwortlich zu sein. Die Frage, ob der Kläger Eigentümer ist, richtet sich zwar nach dem BGB, ändert aber nichts daran, dass die Rechtmäßigkeit der Ordnungsverfügung nach Öffentlichem Recht zu beurteilen ist.

Leistungsanspruch

b) Bei einem **Leistungsanspruch** ist die Rechtsnatur der in Betracht kommenden Anspruchsgrundlage maßgebend. Ansprüche aus öffentlich-rechtlichen Vorschriften sind stets vor den Verwaltungsgerichten geltend zu machen.

Deshalb ist die Streitigkeit zwischen einer politischen Partei und einer Sparkasse (als Anstalt des öffentlichen Rechts) auf Eröffnung eines Girokontos im Hinblick auf § 5 ParteiG öffentlich-rechtlich auch wenn das spätere Leistungsverhältnis privatrechtlich abgewickelt wird (§§ 675c ff. BGB).

Zwei-Stufen-Theorie

c) Ist die Verwaltungsmaßnahme zweistufig ausgestaltet, so richtet sich die Bestimmung des Rechtswegs nach der sog. **Zwei-Stufen-Theorie**.

Beispiele: Zulassung zur Benutzung einer öffentlichen Einrichtung durch Verwaltungsakt und Abschluss eines privatrechtlichen Mietvertrages, Gewährung einer Subvention durch Bewilligungsbescheid und Abschluss eines privatrechtlichen Darlehensvertrages.

1. Stufe: öffentlich-rechtlich

- Über das „**Ob**" der Leistung ergeht in diesen Fällen eine Entscheidung aufgrund öffentlich-rechtlicher Vorschriften. Für Streitigkeiten auf dieser **1. Stufe** ist deshalb nach § 40 Abs. 1 S. 1 VwGO der **Verwaltungsrechtsweg** eröffnet.

  Beispiele: Verpflichtungsklage (§ 42 Abs. 1 Fall 2 VwGO) auf Gewährung einer Subvention oder Anfechtungsklage (§ 42 Abs. 1 Fall 1 VwGO) gegen die Aufhebung des Bewilligungsbescheides nach §§ 48, 49 VwVfG.

2. Stufe: privatrechtlich

- Die Abwicklung des Leistungsverhältnisses (das „**Wie**") kann dagegen auf privatrechtlicher Grundlage erfolgen, z.B. durch Abschluss eines privatrechtlichen Vertrages, aufgrund dessen die Leistung tatsächlich gewährt wird. Streitigkeiten auf der **2. Stufe** sind dann privatrechtlicher Natur, für die gemäß § 13 GVG der **Zivilrechtsweg** eröffnet ist.

  Beispiel: Anspruch auf Auszahlung des Geldes nach erfolgter Bewilligung, Rückzahlung des Darlehens bei Fälligkeit.

3. Einheitlicher Rechtsweg

Einheitlicher Rechtsweg bei mehreren Rechtsgrundlagen

Kommen für die Beurteilung der Streitigkeit **mehrere Rechtsgrundlagen** in Betracht, so reicht es aus, dass **eine** der in Betracht kommenden Normen öffentlich-rechtlich ist. Ist der Verwaltungsrechtsweg unter einem Aspekt eröffnet, so entscheidet das Verwaltungsgericht den Rechtsstreit grds. umfassend **unter allen in Betracht kommenden rechtlichen Gesichtspunkten** (§ 173 S. 1 VwGO, § 17 Abs. 2 S. 1 GVG), prüft dann also auch rechtswegfremde Ansprüche. Etwas anderes gilt nur in Bezug auf die verfassungsrechtlichen Rechtswegzuweisungen in Art. 14 Abs. 3 S. 4 GG (Enteignungsentschädigung) und Art. 34 S. 3 GG (Amtshaftungsansprüche). Für diese Ansprüche sind in jedem Fall ausschließlich die ordentlichen Gerichte zuständig (§ 17 Abs. 2 S. 2 GVG).

II. Nichtverfassungsrechtliche Streitigkeit

Nach § 40 Abs. 1 S. 1 VwGO ist der Verwaltungsrechtsweg nur in öffentlich-rechtlichen Streitigkeiten **nichtverfassungsrechtlicher Art** eröffnet.

Für verfassungsrechtliche Streitigkeiten sind demgegenüber das BVerfG und die Landesverfassungsgerichte zuständig. Allerdings gilt für die Zuständigkeit der Verfassungsgerichte das Enumerationsprinzip, d.h. sie sind nicht per se für alle verfassungsrechtlichen Streitigkeit zuständig, sondern nur, wenn hierfür eine gesetzliche Regelung besteht (vgl. z.B. Art. 93 GG, § 13 BVerfGG).

Nach herkömmlicher Auffassung sind verfassungsrechtlich nur solche Streitigkeiten, die in formeller und materieller Hinsicht verfassungsrechtlichen Charakter haben (sog. **doppelte Verfassungsunmittelbarkeit**), d.h.

Doppelte Verfassungsunmittelbarkeit

- Streitigkeiten zwischen Verfassungsorganen oder sonst unmittelbar am Verfassungsleben beteiligten Rechtsträgern, z.B. Parteien und Fraktionen **(formeller Aspekt)**,

- bei deren Hauptfrage es um die Auslegung und Anwendung von Verfassungsrecht geht **(materieller Aspekt)**.

Verfassungsrechtlich sind z.B. Organstreitigkeiten zwischen Parlament und Regierung, aber auch Klagen einer Partei aus einer Koalitionsvereinbarung. **Nichtverfassungsrechtlich** sind dagegen Streitigkeiten zwischen dem Bürger und dem Staat, auch wenn es um die Verletzung von Grundrechten geht.

III. Abdrängende Sonderzuweisungen

Bei öffentlich-rechtlichen Streitigkeiten nichtverfassungsrechtlicher Art ist nach § 40 Abs. 1 S. 1 VwGO der Verwaltungsrechtsweg nur eröffnet, wenn die Streitigkeit nicht einem anderen Gericht ausdrücklich zugewiesen ist (sog. **abdrängende Sonderzuweisung**).

Abdrängende Sonderzuweisung an ein anderes Gericht

*Von **abdrängenden** Zuweisungen spricht man, wenn für eine an sich der Verwaltungsgerichtsbarkeit unterliegende Streitigkeit die Zuständigkeit eines **anderes Gerichts** begründet wird, von **aufdrängenden** Spezialzuweisungen dagegen, wenn durch die gesetzliche Regelung die Zuständigkeit des Verwaltungsgerichts außerhalb des § 40 Abs. 1 S. 1 VwGO begründet wird (s.o. S. 86).*

Abdrängende Sonderzuweisungen begründen insbes. die Zuständigkeit

- der **besonderen Verwaltungsgerichte** oder
- der **ordentlichen Gerichte**.

1. Besondere Verwaltungsgerichte

Besondere Verwaltungsgerichte:
- Sozialgerichte
- Finanzgerichte

Die Zuständigkeit der **besonderen Verwaltungsgerichte** wird regelmäßig durch sachgebietsbezogene Generalklauseln begründet (z.B. § 51 Abs. 1 SGG für die Sozialgerichte und § 33 Abs. 1 FGO für die Finanzgerichte).

a) Nach § 51 Abs. 1 SGG sind die **Sozialgerichte** insbes. zuständig für öffentlich-rechtliche Streitigkeiten im Sozialversicherungsrecht, aber auch für Fragen der Sozialhilfe (§ 51 Abs. 1 Nr. 6 a SGG).

b) Nach § 33 Abs. 1 FGO entscheiden die **Finanzgerichte** insbes. in öffentlich-rechtlichen Streitigkeiten über Abgabenangelegenheiten, soweit die Abgaben durch Bundes- oder Landesfinanzbehörden verwaltet werden (also nicht bei Kommunalabgaben, für die nach § 40 Abs. 1 S. 1 VwGO die allgemeinen Verwaltungsgerichte zuständig bleiben).

Die Finanzgerichte sind daher z.B. zuständig für Klagen gegen Einkommensteuerbescheide, die allgemeinen Verwaltungsgerichte für Klagen gegen Erschließungsbeitragsbescheide (§§ 127 ff. BauGB).

2. Zuweisung an die ordentlichen Gerichte

Zuständigkeit der ordentlichen Gerichte im Staatshaftungsrecht

Zuweisungen öffentlich-rechtlicher Streitigkeiten an die **ordentlichen Gerichte** finden sich vor allem im Staatshaftungsrecht (Art. 14 Abs. 3 S. 4 GG für die Enteignungsentschädigung, Art. 34 S. 3 GG für Amtshaftungsansprüche und § 40 Abs. 2 S. 1 VwGO für sonstige Schadensersatzansprüche). Die **Verwaltungsgerichte** sind hier nur zuständig, wenn die Pflichtverletzung auf einem öffentlich-rechtlichen Vertrag beruht (§ 40 Abs. 2 S. 1 Hs. 1 Fall 3 Alt. 2 VwGO), für Ausgleichsansprüche im Rahmen des Art. 14 Abs. 1 S. 2 GG (§ 40 Abs. 2 S. 1 Hs. 2 VwGO) und für beamtenrechtliche Ansprüche (§ 40 Abs. 2 S. 2 VwGO).

Weitere Zuweisungen an die ordentlichen Gerichte finden sich z.B. in §§ 217 ff. BauGB für die sog. Baulandsachen, in § 68 OWiG für die Anfechtung von Bußgeldbescheiden und in §§ 23 ff. EGGVG für Justizverwaltungsmaßnahmen.

Check: Verwaltungsrechtsweg

1. Welche Grobeinteilung ergibt sich für die Prüfung der Zulässigkeit einer verwaltungsgerichtlichen Klage?

1. Die Prüfung der Zulässigkeit der Klage umfasst:

- Zulässigkeit des Rechtswegs,
- Statthaftigkeit der Klageart,
- Besondere Sachurteilsvoraussetzungen,
- Allgemeine Sachurteilsvoraussetzungen.

2. Warum ist die Eröffnung des Verwaltungsrechtswegs genau genommen keine Zulässigkeitsvoraussetzung?

2. Ist der Verwaltungsrechtsweg nicht eröffnet, wird die Klage nicht etwa als unzulässig abgewiesen, sondern von Amts wegen an das zuständige Gericht verwiesen (§ 173 S. 1 VwGO, § 17 a Abs. 2 S. 1 GVG).

3. Nennen Sie die wichtigsten (aufdrängenden) Spezialzuweisungen zum VG?

3. Spezialzuweisungen finden sich z.B. in § 126 Abs. 1 BBG, § 54 Abs. 1 BeamtStG, § 54 BAföG, § 6 Abs. 1 UIG.

4. Welche Prüfungspunkte sind bei der Generalklausel des § 40 Abs. 1 S. 1 VwGO zu erörtern?

4. Die Generalklausel des § 40 Abs. 1 S. 1 VwGO verlangt

- eine öffentlich-rechtliche Streitigkeit,
- nichtverfassungsrechtlicher Art,
- keine abdrängende Sonderzuweisung.

5. Welche Aussage trifft die sog. Zwei-Stufen-Theorie?

5. Die Zwei-Stufen-Theorie greift ein, wenn ein einheitlicher Lebensvorgang sowohl öffentlich-rechtliche als auch privatrechtliche Elemente aufweist:

- Auf der ersten Stufe (dem „Ob") erfolgt eine öffentlich-rechtliche Entscheidung, für die der Verwaltungsrechtsweg eröffnet ist.
- Streitigkeiten auf der zweiten Stufe (dem „Wie") sind vor den Zivilgerichten auszutragen.

6. Wann ist eine Streitigkeit verfassungsrechtlicher Art?

6. Nach herkömmlicher Auffassung sind verfassungsrechtlich nur solche Streitigkeiten, die in formeller und materieller Hinsicht verfassungsrechtlichen Charakter haben (sog. doppelte Verfassungsunmittelbarkeit).

7. Nennen Sie die wichtigsten abdrängenden Spezialzuweisungen!

7. Abdrängende Spezialzuweisungen begründen insbes. die Zuständigkeit der besonderen Verwaltungsgerichte (z.B. § 51 SGG, § 33 FGO) und der ordentlichen Gerichte (insbes. im Staatshaftungsrecht nach Art. 14 Abs. 3 S. 4, Art. 34 S. 3 GG, § 40 Abs. 2 S. 1 VwGO).

3. Abschnitt: Statthafte Klageart

Die Zulässigkeit der verwaltungsgerichtlichen Klage setzt neben der Eröffnung des Verwaltungsrechtswegs weiter voraus, dass die gewählte **Klageart statthaft** ist. Die Klageart richtet sich nach dem Klagebegehren (§ 88 VwGO):

Anfechtungsklage

■ Mit der **Anfechtungsklage** (§ 42 Abs. 1 Fall 1 VwGO) wird die Aufhebung eines (belastenden) VA durch das Gericht begehrt.

Beispiele: Anfechtung einer Bauordnungsverfügung, der Entziehung der Fahrerlaubnis oder der Androhung eines Zwangsgeldes.

Verpflichtungsklage

■ Die **Verpflichtungsklage** (§ 42 Abs. 1 Fall 2 VwGO) ist auf Erlass eines (begünstigenden) VA durch die Behörde gerichtet.

Beispiele: Erteilung einer Baugenehmigung, einer Fahrerlaubnis oder einer Gewerbeerlaubnis.

Fortsetzungsfeststellungsklage

■ Gegenstand der **Fortsetzungsfeststellungsklage** (§ 113 Abs. 1 S. 4 VwGO) ist die Feststellung der Rechtswidrigkeit eines erledigten VA.

Beispiele: Feststellung der Rechtswidrigkeit eines durch Zeitablaufs erledigten Versammlungsverbotes, Feststellung der Rechtswidrigkeit der Ablehnung der Zulassung zu einem Volksfest.

Allgemeine Leistungsklage

■ Mit der in der VwGO nicht ausdrücklich geregelten, aber gewohnheitsrechtlich anerkannten **allgemeinen Leistungsklage** wird ein bestimmtes Tun, Dulden oder Unterlassen begehrt, das nicht im Erlass oder in der Aufhebung eines VA besteht.

Beispiele: Klage auf Geldzahlung oder auf Widerruf und Unterlassung ehrbeinträchtigender Äußerungen. Erwähnt wird die Leistungsklage z.B. in § 43 Abs. 2 und § 111 VwGO.

Allgemeine Feststellungsklage

■ Die allgemeine **Feststellungsklage** (§ 43 Abs. 1 VwGO) dient der Klarstellung einer bestimmten Rechtslage.

Beispiele: Feststellung des Bestehens oder Nichtbestehens eines Rechtsverhältnisses (z.B. eines Beamtenverhältnisses) oder Feststellung der Nichtigkeit eines VA (§ 44 VwVfG).

Normenkontrolle

■ Die **Normenkontrolle** (§ 47 Abs. 1 VwGO) ist auf Feststellung der Unwirksamkeit bestimmter Rechtsnormen gerichtet (vgl. § 47 Abs. 5 S. 1 VwGO).

Beispiele: Feststellung der Nichtigkeit eines Bebauungsplans (§ 47 Abs. 1 Nr. 1 VwGO) oder anderer untergesetzlicher Normen (RechtsVO, Satzung), wenn das Landesrecht dies bestimmt (§ 47 Abs. 1 Nr. 2 VwGO).

Statthafte Klageart | **3. Abschnitt**

A. Anfechtungsklage

I. Zulässigkeit der Anfechtungsklage

Aufbauschema: Zulässigkeit der Anfechtungsklage
1. **Verwaltungsrechtsweg**
2. **Statthaftigkeit der Anfechtungsklage** (§ 42 Abs. 1 Fall 1 VwGO): Aufhebung eines VA durch das VG
3. **Besondere Sachurteilsvoraussetzungen**   a) **Klagebefugnis** (§ 42 Abs. 2 VwGO)   b) **Vorverfahren** (§ 68 Abs. 1 VwGO)   c) **Klagefrist** (§ 74 Abs. 1 VwGO)   d) **Richtiger Beklagter** (§ 78 VwGO)
4. **Allgemeine Sachurteilsvoraussetzungen**

1. Verwaltungsrechtsweg

Die Eröffnung des Verwaltungsrechtswegs richtet sich auch bei der Anfechtungsklage nach Spezialzuweisungen (z.B. § 54 Abs. 1 Beamt-StG) oder nach der Generalklausel des § 40 Abs. 1 S. 1 VwGO.

2. Statthaftigkeit

a) Die Anfechtungsklage ist gemäß § 42 Abs. 1 Fall 1 VwGO statthaft, wenn der Kläger die **Aufhebung eines Verwaltungsaktes** (VA) durch das Verwaltungsgericht begehrt (§ 113 Abs. 1 S. 1 VwGO). Der Begriff des VA in § 42 Abs. 1 VwGO entspricht dem in § 35 VwVfG. Die Anfechtungsklage richtet sich daher gegen die hoheitliche Maßnahme einer Behörde auf dem Gebiet des öffentlichen Rechts zur Regelung eines Einzelfalls mit Außenwirkung (s.o. S. 8 ff.).

Anfechtungsklage: Aufhebung eines VA durch das Gericht

- Klage des **Adressaten** gegen einen ihn belastenden VA (z.B. Klage gegen eine Ordnungsverfügung, gegen die Entziehung der Fahrerlaubnis etc.),

- Klage eines **Dritten** gegen einen den Adressaten belastenden VA (z.B. Klage der Ehefrau gegen die Ausweisung eines Ausländers),

- Klage eines Dritten gegen einen ihn belastenden, den Adressaten begünstigenden VA (sog. **VA mit Doppelwirkung**), z.B. Klage des Nachbarn gegen die dem Bauherrn erteilte Baugenehmigung.

b) Der Kläger kann sich auf eine **Teilanfechtung** des VA beschränken (arg e § 113 Abs. 1 S. 1 VwGO „soweit"). Nach h.M. ist eine Teilanfechtung zulässig, wenn der angefochtene Teil vom HauptVA

Teilanfechtung, wenn VA logisch teilbar

93

logisch teilbar ist. Dies gilt insbes. für die Anfechtung von Neben-bestimmungen i.S.d. § 36 VwVfG, die nach heute h.M. grds. isoliert angefochten werden können.

Im Einzelnen ist hier vieles streitig (ausführlich AS-Skript Verwaltungsrecht AT 1). Zum Teil wird darauf abgestellt, dass eine isolierte Anfechtung von Nebenbe-stimmungen generell unzulässig sei. Der Betroffene müsse vielmehr Verpflich-tungsklage auf uneingeschränkte Begünstigung erheben. Andere differenzie-ren nach der Art der Nebenbestimmung oder nach der Art des HauptVA (Er-messensentscheidung oder gebundener VA).

Anfechtungsklage auch bei nichtigem VA

c) Gegenstand der Anfechtungsklage kann auch ein **nichtiger VA** i.S.d. § 44 VwVfG sein. Zwar entfaltet ein nichtiger VA keinerlei Rechtswirkungen (§ 43 Abs. 3 VwVfG), seine Aufhebung hat daher keine rechtsgestaltende Wirkung. Da aber auch von einem nichti-gen VA der Rechtsschein der Verbindlichkeit ausgeht, muss der Be-troffene die Möglichkeit haben, ein klarstellendes Urteil des Ver-waltungsgerichts zu erhalten. Neben der Nichtigkeitsfeststellungs-klage (§ 43 Abs. 1 Fall 2 VwGO) hat der Kläger daher auch die Mög-lichkeit der Anfechtungsklage, weil für ihn häufig nicht feststellbar sein wird, ob der VA (nur) rechtswidrig oder sogar nichtig ist.

Annexanträge

d) Mit der Anfechtungsklage kann gemäß § 113 Abs. 1 S. 2 VwGO ein **Annexantrag** verbunden werden, wenn der angefochtene VA bereits vollzogen wurde und neben der Aufhebung des VA ein (Vollzugs-) Folgenbeseitigungsanspruch geltend gemacht wird (s.o. S. 69 ff.).

Beispiele: Anfechtungsklage gegen einen Abgabenbescheid i.V.m. einem Leis-tungsantrag auf Erstattung des bereits gezahlten Betrages. Anfechtungsklage des Nachbarn gegen die dem Bauherrn erteilte Baugenehmigung und Ver-pflichtungsantrag auf Erlass einer Beseitigungsverfügung bzgl. des bereits er-richteten Hauses.

Sonstige Leistungsanträge können nach § 113 Abs. 4 VwGO mit dem Anfechtungsantrag verbunden werden.

Beispiel: Anfechtung einer beamtenrechtlichen Entlassungsverfügung i.V.m. Anspruch auf Nachzahlung der einbehaltenen Bezüge.

3. Besondere Sachurteilsvoraussetzungen

Einzelheiten zu den besonderen Sachurteils-voraussetzungen unten S. 111 ff.

Besondere Sachurteilsvoraussetzungen der Anfechtungsklage sind

- die **Klagebefugnis** (§ 42 Abs. 2 VwGO),
- die Durchführung des **Vorverfahrens** (§ 68 Abs. 1 VwGO),
- die Einhaltung der **Klagefrist** (§ 74 Abs. 1 VwGO) und
- der **richtige Beklagte** (§ 78 VwGO).

II. Begründetheit der Anfechtungsklage

1. Objektive Rechtswidrigkeit und Rechtsverletzung

Die Anfechtungsklage ist gemäß § 113 Abs. 1 S. 1 VwGO **begründet**,

- soweit der angefochtene **VA rechtswidrig** und

- der Kläger dadurch in seinen **Rechten verletzt** ist.

Rechtswidrigkeit und Rechtsverletzung

Für den Erfolg der Klage ist daher die objektive Rechtswidrigkeit des VA allein nicht ausreichend. Hinzukommen muss (kumulativ) die Verletzung subjektiver Rechte. Wichtig ist dies vor allem bei sog. **Drittanfechtungsklagen**, bei denen die Rechtsverletzung nur gegeben ist, wenn der VA wegen Verstoßes gegen eine drittschützende Vorschrift rechtswidrig ist.

!

Beispiel: Die Anfechtungsklage des Nachbarn gegen die dem Bauherrn erteilte Baugenehmigung ist nur begründet, wenn die Genehmigung rechtswidrig ist und die Rechtswidrigkeit auf einem Verstoß gegen Vorschriften beruht, die dem Schutz des Nachbarn zu dienen bestimmt sind.

2. Entscheidungserheblicher Zeitpunkt

Für die Beurteilung der Rechtmäßigkeit des angefochtenen VA ist grds. auf den **Zeitpunkt der letzten Verwaltungsentscheidung** abzustellen. Das ist i.d.R. der Widerspruchsbescheid. Soweit ein Vorverfahren nicht stattfindet (insbes. in den Fällen des § 68 Abs. 1 S. 2 VwGO), ist der Zeitpunkt des Erlasses des VA maßgebend. Ändert sich die Sach- und Rechtslage nach diesem Zeitpunkt ist dies für die gerichtliche Prüfung grds. unerheblich. Etwas anderes gilt allerdings bei einem **DauerVA**, der den Bürger nicht nur einmal, sondern laufend belastet. Hier ist auf den Zeitpunkt der letzten mündlichen Verhandlung abzustellen. Denn ein DauerVA muss grds. während der gesamten Geltungsdauer gesetzlich gerechtfertigt sein.

Maßgeblich ist Zeitpunkt der letzten Behördenentscheidung

Ausnahme bei DauerVA: Zeitpunkt der letzten mündlichen Verhandlung

Beispiel: Über die Ausweisung eines Ausländers ist stets aufgrund einer aktuellen Abwägung des Ausweisungsinteresses und des Bleibeinteresses zu entscheiden (§§ 53 ff. AufenthG). Daher müssen neue Tatsachen bis zum Schluss der mündlichen Verhandlung umfassend berücksichtigt werden.

Eine (Gegen-)Ausnahme gilt beim DauerVA allerdings dann, wenn nach dem Gesetz nachträgliche Änderungen nur in einem **besonderen Verfahren** berücksichtigt werden dürfen. Dann sind die Änderungen in diesem Verfahren geltend zu machen und im Anfechtungsprozess unbeachtlich.

Ausnahme von der Ausnahme bei besonderer gesetzlicher Regelung

Beispiel: Die Gewerbeuntersagung (§ 35 Abs. 1 GewO) ist zwar ein DauerVA, nachträgliche Änderungen sind jedoch im Wiedergestattungsverfahren nach § 35 Abs. 6 GewO geltend zu machen und daher im Anfechtungsprozess nicht zu berücksichtigen.

B. Verpflichtungsklage

I. Zulässigkeit der Verpflichtungsklage

Aufbauschema: Zulässigkeit der Verpflichtungsklage
1. Verwaltungsrechtsweg
2. Statthaftigkeit der Verpflichtungsklage (§ 42 Abs. 1 Fall 2 VwGO): Erlass eines VA durch die Behörde

3. Besondere Sachurteilsvoraussetzungen
  a) **Klagebefugnis** (§ 42 Abs. 2 VwGO)
  b) **Vorverfahren** (§ 68 Abs. 2 VwGO)
  c) **Klagefrist** (§ 74 Abs. 2 VwGO)
  d) **Richtiger Beklagter** (§ 78 VwGO)

4. Allgemeine Sachurteilsvoraussetzungen

1. Verwaltungsrechtsweg

Die Eröffnung des Verwaltungsrechtswegs richtet sich auch bei der Verpflichtungsklage nach Spezialzuweisungen (z.B. § 54 Abs. 1 BeamtStG) oder nach der Generalklausel des § 40 Abs. 1 S. 1 VwGO.

2. Statthaftigkeit

- Versagungsgegenklage bei Ablehnung
- Untätigkeitsklage bei Unterlassen

Die Verpflichtungsklage ist eine besondere Form der Leistungsklage. Sie ist gemäß § 42 Abs. 1 Fall 2 VwGO statthaft, wenn der Kläger den Erlass eines abgelehnten (sog. **Versagungsgegenklage**) oder unterlassenen VA (sog. **Untätigkeitsklage**) begehrt.

Die Verpflichtungsklage erfasst vor allem die Fälle, in denen der Kläger einen begünstigenden VA **an sich selbst** erstrebt.

Beispiele: Klage auf Erteilung einer Baugenehmigung oder eines Subventionsbescheides oder Klage auf Zulassung zur Benutzung einer öffentlichen Einrichtung.

Verpflichtungsklage auf eigene Begünstigung oder Begünstigung/Belastung eines Dritten

Die Verpflichtungsklage ist aber auch dann statthaft, wenn der Kläger einen VA begehrt, der einen **Dritten** begünstigt oder einen Dritten belastet.

Beispiele: Klage der Ehefrau auf Aufenthaltserlaubnis für ihren ausländischen Ehemann, Klage des Nachbarn auf Erlass einer Beseitigungsverfügung gegen den Bauherrn.

Statthafte Klageart · **3. Abschnitt**

3. Besondere Sachurteilsvoraussetzungen

Für die Verpflichtungsklage gelten dieselben Sachurteilsvoraussetzungen wie für die Anfechtungsklage, also

- **Klagebefugnis** (§ 42 Abs. 2 VwGO),

- **Vorverfahren** (§ 68 Abs. 2 i.V.m. Abs. 1 VwGO),

- **Klagefrist** (§ 74 Abs. 2 i.V.m. Abs. 1 VwGO) und

- **Klagegegner** (§ 78 VwGO).

Zu den Einzelheiten der besonderen Sachurteilsvoraussetzungen unten S. 111 ff.

II. Begründetheit der Verpflichtungsklage

1. Prüfungsmaßstab

a) Die Verpflichtungsklage ist gemäß § 113 Abs. 5 S. 1 VwGO begründet,

- wenn die Ablehnung oder Unterlassung des VA **rechtswidrig** ist,

- der Kläger dadurch in seinen **Rechten verletzt** wird und

- die Sache **spruchreif** ist.

Rechtswidrigkeit
+ Rechtsverletzung
+ Spruchreife
= Anspruch

Das ist immer dann der Fall, wenn der Kläger einen **Anspruch auf Erlass des begehrten VA** hat.

Für die Begründetheitsprüfung einer Verpflichtungsklage ergeben sich daraus zwei Aufbaumöglichkeiten:

!

- *Rechtswidrigkeitsaufbau: Orientiert am Wortlaut des § 113 Abs. 5 VwGO wird in der Begründetheit der Verpflichtungsklage – wie bei der Anfechtungsklage – nach Rechtswidrigkeit und Rechtsverletzung getrennt.*

  Beispiel: „Die Verpflichtungsklage ist begründet, soweit die Ablehnung der Baugenehmigung rechtswidrig und der Kläger dadurch in seinen Rechten verletzt ist (§ 113 Abs. 5 S. 1 VwGO). Die Ablehnung der Baugenehmigung ist rechtswidrig, wenn die Voraussetzungen für die Erteilung der Baugenehmigung vorliegen. ... Durch die rechtswidrige Ablehnung wird der Kläger in seinem subjektiven Recht aus Art. 14 Abs. 1 GG verletzt. ... "

- *Anspruchsaufbau: Ausgehend von der Anspruchsgrundlage für das Begehren des Klägers werden deren Voraussetzungen geprüft.*

  Beispiel: „Die Verpflichtungsklage ist begründet, soweit die Ablehnung der Baugenehmigung rechtswidrig und der Kläger dadurch in seinen Rechten verletzt ist (§ 113 Abs. 5 S. 1 VwGO). Das ist dann der Fall, wenn der Kläger einen Anspruch auf Erteilung der Baugenehmigung hat. Anspruchsgrundlage ist § x LBauO. Danach ist die Baugenehmigung zu erteilen, wenn ... "

97

2. Teil — Verwaltungsprozessrecht

!

Der Anspruchsaufbau hat den Vorteil, dass unmittelbar an das Begehren des Klägers angeknüpft und eine überflüssige Prüfung formeller Voraussetzungen vermieden wird (etwa weil formelle Fehler bei der Ablehnung für das Bestehen des Anspruchs irrelevant sind). Deshalb sollte in der Klausur i.d.R. der Anspruchsaufbau angewendet werden. Nachteile hat der Anspruchsaufbau, wenn das Gesetz keine ausdrückliche Anspruchsgrundlage enthält. Dann kann es sich anbieten, ausnahmsweise auf den Rechtswidrigkeitsaufbau zurückzugreifen.

b) Ansprüche ergeben sich im Öffentlichen Recht vor allem aus **einfach-gesetzlichen Vorschriften**, soweit diese ein subjektives Recht beinhalten, **ausnahmsweise** auch aus **Grundrechten** (z.B. als sog. Teilhaberecht).

Vornahmeurteil bei Anspruch auf VA

c) Besteht der geltend gemachte Anspruch, so verpflichtet das Gericht die Behörde, den begehrten VA zu erlassen (§ 113 Abs. 5 S. 1 VwGO), sog. **Vornahmeurteil**.

*Das Gericht erlässt den begehrten VA daher **nicht selbst**, sondern es muss stets die Behörde noch einmal tätig werden (Gewaltenteilung!).*

Bescheidungsurteil, wenn Anspruch auf ermessensfehlerfreie Entscheidung

Ist die Sache (noch) nicht spruchreif (z.B. besteht ein Ermessen der Behörde), so spricht das Gericht (nur) die Verpflichtung der Behörde aus, den Kläger unter Beachtung der Rechtsauffassung des Gerichts (neu) zu bescheiden, wenn die bisherige Entscheidung fehlerhaft war oder die Behörde noch gar nicht entschieden hatte (sog. **Bescheidungsurteil**, § 113 Abs. 5 S. 2 VwGO).

Beispiel: Ist ein Dispens (§ 31 Abs. 2 BauGB) erforderlich, hat der Kläger zwar keinen gebundenen Anspruch auf Erlass der Baugenehmigung, aber einen Anspruch auf ermessensfehlerfreie Entscheidung über den Dispens. Die bisherige Entscheidung der Behörde weist Ermessensfehler auf (§ 114 S. 1 VwGO).

2. Entscheidungserheblicher Zeitpunkt

Maßgeblich ist Zeitpunkt der letzten mündlichen Verhandlung

Bei der Verpflichtungsklage kommt es grds. auf die Sach- und Rechtslage im **Zeitpunkt der letzten mündlichen Verhandlung** vor Gericht an. Denn entscheidend ist, ob der Kläger bei Erlass des Urteils den geltend gemachten Anspruch hat. Ausnahmsweise ist auf den Zeitpunkt der (letzten) Behördenentscheidung abzustellen. Dies gilt z.B. bei zeitabschnittsweise zu gewährenden Leistungen und bei Prüfungsentscheidungen.

Ausnahme:
■ Leistungen für Zeitabschnitte
■ Prüfungsentscheidungen

Beispiel: Der Anspruch des K auf Ausbildungsförderung für das Sommersemester 2018 richtet sich nach den Einkommens- und Vermögensverhältnissen im Bewilligungszeitraum. Bei Prüfungsentscheidungen kommt es naturgemäß darauf an, ob der Kläger die erforderliche Qualifikation im Zeitpunkt der Prüfung gehabt hat.

98

Statthafte Klageart

3. Abschnitt

C. Fortsetzungsfeststellungsklage

I. Zulässigkeit der Fortsetzungsfeststellungsklage

Aufbauschema:
Zulässigkeit der Fortsetzungsfeststellungsklage

1. **Verwaltungsrechtsweg**

2. **Statthaftigkeit der Fortsetzungsfeststellungsklage**
   (§ 113 Abs. 1 S. 4 VwGO): Feststellung der Rechtswidrigkeit eines erledigten VA
   - bei Erledigung einer Anfechtungsklage nach Klageerhebung
   - analog bei Erledigung einer Verpflichtungsklage
   - str. bei vorprozessualer Erledigung
   - nicht bei schlichtem Verwaltungshandeln

3. **Besondere Sachurteilsvoraussetzungen**
   a) **Voraussetzungen der Ausgangsklage analog**
      aa) **Klagebefugnis** (§ 42 Abs. 2 VwGO analog)
      bb) **Vorverfahren** (§ 68 VwGO analog)
      cc) **Klagefrist** (§ 74 VwGO analog)
      dd) **Richtiger Beklagter** (§ 78 VwGO analog)
   b) **Fortsetzungsfeststellungsinteresse**

4. **Allgemeine Sachurteilsvoraussetzungen**

---

1. Verwaltungsrechtsweg

Die Eröffnung des Rechtswegs richtet sich auch bei der Fortsetzungsfeststellungsklage nach Spezialzuweisungen (z.B. § 54 Abs. 1 BeamtStG) oder nach der Generalklausel des § 40 Abs. 1 S. 1 VwGO.

2. Statthaftigkeit der Fortsetzungsfeststellungsklage

Die Fortsetzungsfeststellungsklage ist statthaft, wenn sich der angefochtene VA durch Zurücknahme oder anders erledigt hat (§ 113 Abs. 1 S. 4 VwGO). Aufgrund ihrer systematischen Stellung im 10. Abschnitt der VwGO über Urteile (was begrifflich ein Klageverfahren voraussetzt) erfasst die Vorschrift unmittelbar nur den Fall der **Erledigung einer Anfechtungsklage nach Klageerhebung**.

Wegen der identischen Interessenlage gilt § 113 Abs. 1 S. 4 VwGO analog in **erledigten Verpflichtungssituationen**, nicht dagegen

Erledigung des VA:
- Aufhebung
- Zeitablauf
- auf andere Weise

99

Verwaltungsprozessrecht

bei der Erledigung schlichten Verwaltungshandelns. Nach h.Rspr. gilt § 113 Abs. 1 S. 4 VwGO analog auch bei **Erledigung vor Klageerhebung**, während die Gegenansicht hier auf die allgemeine Feststellungsklage (§ 43 Abs. 1 VwGO) zurückgreift.

Für die h.M. spricht, dass es keinen Unterschied machen kann, ob Erledigung zufälligerweise kurz vor oder kurz nach Klageerhebung eintritt.

3. Besondere Sachurteilsvoraussetzungen

Besondere Sachurteilsvoraussetzungen der Ausgangsklage gelten analog.

a) Da allein die Erledigung aus einer bis dahin unzulässigen Anfechtungs- oder Verpflichtungsklage keine zulässige Fortsetzungsfeststellungsklage machen kann, gelten bei der Fortsetzungsfeststellungsklage die **besonderen Sachurteilsvoraussetzungen der Ausgangsklage analog**. Zu prüfen sind daher (wie bei Anfechtungs- und Verpflichtungsklagen):

- die **Klagebefugnis** analog § 42 Abs. 2 VwGO,

- das **Vorverfahren** analog § 68 VwGO,

- die **Klagefrist** analog § 74 VwGO und

- der **richtige Beklagte** analog § 78 VwGO.

Uneingeschränkt gilt dies allerdings nur bei Erledigung nach Klagerhebung. Bei **vorprozessualer Erledigung** verzichtet die Rspr. grds. auf das **Vorverfahren** (wenn Erledigung innerhalb der Widerspruchsfrist eingetreten ist) und auf die **Klagefrist**. Begründet wird dies damit, dass das Widerspruchsverfahren mit dem Ziel der Aufhebung des VA sinnlos ist, wenn der VA bereits erledigt und damit unwirksam geworden ist (§ 43 Abs. 2 VwVfG). Ebenso besteht kein Anlass für eine Befristung der Klage, da ein erledigter VA nicht mehr bestandskräftig werden kann.

Fortsetzungsfeststellungsinteresse:
- Wiederholungsgefahr
- Rehabilitation
- schwere Grundrechtsbeeinträchtigung
- Präjudiz

b) Als weitere besondere Sachurteilsvoraussetzung der Fortsetzungsfeststellungsklage ist gemäß § 113 Abs. 1 S. 4 VwGO ein besonderes Feststellungsinteresse erforderlich (sog. **Fortsetzungsfeststellungsinteresse**). Ein solches Interesse ist vor allem unter vier Gesichtspunkten anerkannt:

- **Wiederholungsgefahr**,

- **Rehabilitationsbedürfnis**,

- **schwerwiegende Grundrechtsbeeinträchtigung** und

- **Präjudizität** zur Vorbereitung eines Schadensersatzprozesses.

aa) Wiederholungsgefahr ist anzunehmen, wenn die Möglichkeit besteht, dass die Behörde bei im Wesentlichen unveränderten tat-

Statthafte Klageart | 3. Abschnitt

sächlichen und rechtlichen Verhältnissen einen vergleichbaren VA erneut erlassen wird.

Beispiele: Verbot einer wiederkehrenden Versammlung, Ablehnung der Zulassung zu einem jährlich stattfindenden Volksfest.

bb) Ein **Rehabilitationsbedürfnis** ist zu bejahen, wenn der erledigte VA diskriminierende Wirkung entfaltet (z.B. bei polizeilichen Maßnahmen) und die Nachwirkungen des VA durch die gerichtliche Feststellung der Rechtswidrigkeit ausgeglichen werden können (Genugtuungsfunktion).

Rehabilitationsbedürfnis

Beispiele: Ingewahrsamnahme durch die Polizei, Anwendung unmittelbaren Zwangs.

cc) Ebenso kann ein Fortsetzungsfeststellungsinteresse bei einer **schwerwiegenden Grundrechtsbeeinträchtigung** bestehen, und zwar auch dann, wenn der VA keine Nachwirkungen mehr hat.

Schwerwiegende Grundrechtsbeeinträchtigung

Beispiele: Abhörmaßnahmen (wegen Art. 10 GG), Hausdurchsuchungen (wegen Art. 13 GG), Verbot oder Auflösung einer Versammlung (wegen Art. 8 GG).

Im Einzelnen ist hier Vieles umstritten, insbes. ob es sich um eine eigenständige Fallgruppe des Fortsetzungsfeststellungsinteresses handelt oder nur um einen Unterfall des Rehabilitationsbedürfnisses (vgl. AS-Skript VwGO).

!

dd) Schließlich kann sich das Feststellungsinteresse aus der **Präjudizität** der verwaltungsgerichtlichen Entscheidung für einen Schadensersatz- oder Entschädigungsprozess vor den Zivilgerichten ergeben. Hat nämlich das Verwaltungsgericht die Rechtswidrigkeit des VA festgestellt, sind die Zivilgerichte in einem Folgeprozess (z.B. wegen Amtshaftung gemäß § 839 BGB i.V.m. Art. 34 GG) an diese Entscheidung gebunden (§ 121 VwGO, Rechtskraft).

Präjudizität für Zivilprozess wegen § 121 VwGO

II. Begründetheit der Fortsetzungsfeststellungsklage

Die Fortsetzungsfeststellungsklage ist begründet, soweit

- der VA rechtswidrig gewesen ist und
- der Kläger dadurch in seinen Rechten verletzt wurde.

Abweichend vom Wortlaut des § 113 Abs. 1 S. 4 VwGO reicht allein die *Rechtswidrigkeit des erledigten VA nicht aus, hinzukommen muss in jedem Fall die* *Rechtsverletzung des Klägers.*

!

Liegt der Fortsetzungsfeststellungsklage ein **Verpflichtungsbegehren** zugrunde, ist zu prüfen, ob der Kläger **im Zeitpunkt der Erledigung** einen Anspruch auf Erlass des VA oder zumindest einen Anspruch auf Neubescheidung hatte.

101

Check: Klagearten I

1. Welche Verfahrensarten kennt die VwGO?

1. Anfechtungsklage, Verpflichtungsklage, Fortsetzungsfeststellungsklage, allgemeine Leistungsklage, allgemeine Feststellungsklage und die Normenkontrolle.

2. Was versteht man unter Statthaftigkeit eines Rechtsbehelfs?

2. Statthaftigkeit bedeutet, dass die streitige Maßnahme „ihrer Art nach" mit dem gewählten Rechtsbehelf angefochten bzw. erstritten werden kann.

3. Worin unterscheiden sich die besonderen von den allgemeinen Sachurteilsvoraussetzungen?

3. Während die besonderen Sachurteilsvoraussetzungen von der jeweiligen Klageart abhängen, gelten die allg. Sachurteilsvoraussetzungen für alle Verfahren.

4. Worin besteht der Unterschied zwischen einer Anfechtungsklage und einer Verpflichtungsklage?

4. Mit der Anfechtungsklage begehrt der Kläger die Aufhebung eines (belastenden) VA durch das Gericht, während bei der Verpflichtungsklage die Behörde durch das Gericht verpflichtet werden soll, einen (begünstigenden) VA zu erteilen.

5. Nennen Sie die besonderen Sachurteilsvoraussetzungen von Anfechtungs- und Verpflichtungsklagen!

5. Besondere Sachurteilsvoraussetzungen der Anfechtungs- wie der Verpflichtungsklage sind
- die Klagebefugnis (§ 42 Abs. 2 VwGO),
- das Vorverfahren (§ 68 Abs. 1 u. 2 VwGO),
- die Klagefrist (§ 74 Abs. 1 u. 2 VwGO) und
- der richtige Beklagte (§ 78 VwGO).

6. Welcher Zeitpunkt ist bei der Anfechtungsklage entscheidungserheblich?

6. Bei der Anfechtungsklage ist entscheidungserheblich grds. der Zeitpunkt der letzten Behördenentscheidung. Bei DauerVAen kommt es ausnahmsweise auf den Zeitpunkt der letzten mündlichen Verhandlung an, es sei denn, nachträgliche Änderungen müssen in einem besonderen behördlichen Verfahren geltend gemacht werden.

7. Welcher Zeitpunkt ist bei der Verpflichtungsklage entscheidungserheblich?

7. Abzustellen ist grds. auf den Zeitpunkt der letzten mündlichen Verhandlung, es sei denn aus der Eigenart des VA ergibt sich etwas anderes (z.B. bei Prüfungsentscheidungen).

8. In welchen Fallkonstellationen ist die Fortsetzungsfeststellungsklage statthaft?

8. Unmittelbar gilt § 113 Abs. 1 S. 4 VwGO für die Erledigung einer Anfechtungsklage nach Klageerhebung, analog bei Erledigung einer Verpflichtungsklage und nach der Rspr. auch bei vorprozessualer Erledigung.

9. Nennen Sie die wichtigsten Fallgruppen des Fortsetzungsfeststellungsinteresses?

9. Wiederholungsgefahr, Rehabilitationsbedürfnis, schwerwiegende Grundrechtsbeeinträchtigung und Präjudizität für einen Schadensersatzprozess.

Statthafte Klageart | **3. Abschnitt**

D. Allgemeine Leistungsklage

Die allgemeine Leistungsklage ist in der VwGO nicht ausdrücklich geregelt, wird aber z.B. in §§ 43 Abs. 2, 111 VwGO erwähnt und ist im Übrigen gewohnheitsrechtlich anerkannt.

Die Verpflichtungsklage ist eine besondere Form der Leistungsklage. Deshalb wird hier von der „allgemeinen" Leistungsklage gesprochen.

I. Zulässigkeit der allgemeinen Leistungsklage

> **Aufbauschema:**
> **Zulässigkeit der allgemeinen Leistungsklage**
>
> 1. **Verwaltungsrechtsweg**
> 2. **Statthaftigkeit der allgemeinen Leistungsklage**
> 3. **Besondere Sachurteilsvoraussetzungen**
>   a) **Klagebefugnis** (§ 42 Abs. 2 VwGO analog)
>   b) grds. kein **Vorverfahren** (Ausnahme Beamtenrecht)
>   c) grds. keine **Klagefrist** (Ausnahme Beamtenrecht)
> 4. **Allgemeine Sachurteilsvoraussetzungen**

1. Verwaltungsrechtsweg

Der Verwaltungsrechtsweg richtet sich auch bei der (allgemeinen) Leistungsklage nach Spezialzuweisungen (z.B. § 54 Abs. 1 BeamtStG) oder nach der Generalklausel des § 40 Abs. 1 S. 1 VwGO.

2. Statthaftigkeit der allgemeinen Leistungsklage

Die allgemeine Leistungsklage ist statthaft, wenn das Begehren des Klägers auf eine Leistung gerichtet ist, die **nicht im Erlass oder in der Aufhebung eines VA** besteht, also insbes. bei schlichtem Verwaltungshandeln ohne Regelungswirkung.

Allg. Leistungsklage:
- *Vornahme schlichten Verwaltungshandelns*
- *Unterlassung*

Beispiele: Klage auf Herausgabe einer Sache, auf Geldzahlung oder auf Unterlassung von Verwaltungsmaßnahmen: Auch der Anspruch auf Unterlassen eines VA kann mit der allgemeinen Leistungsklage durchgesetzt werden!

Etwas anderes gilt, wenn dem schlichten Verwaltungshandeln eine regelnde Entscheidung vorgeschaltet ist, „ob" die Behörde die Maßnahme vornimmt bzw. ob der Kläger einen Anspruch auf die Maßnahme hat, z.B. Verpflichtungsklage auf Erteilung einer im Ermessen stehenden Information (s.o. S. 12).

!

3. Besondere Sachurteilsvoraussetzungen

Besondere Sachurteilsvoraussetzungen bestehen für die allgemeine Leistungsklage an sich nicht.

103

Klagebefugnis analog § 42 Abs. 2 VwGO	**a)** Allerdings verlangt die h.M. zur Vermeidung einer Popularklage stets eine **Klagebefugnis** analog § 42 Abs. 2 VwGO. Die Gegenansicht verneint im Hinblick auf die ohnehin erforderliche Prozessführungsbefugnis das Vorliegen einer Regelungslücke.

In der Klausur braucht die Streitfrage nicht entschieden zu werden, wenn die Klagebefugnis (was zumeist der Fall ist) unproblematisch bejaht werden kann: *„Ob bei der allgemeinen Leistungsklage analog § 42 Abs. 2 VwGO eine Klagebefugnis erforderlich ist, ist umstritten, kann hier jedoch dahinstehen, da der Kläger jedenfalls geltend machen kann, in seinem subjektiven Recht aus … verletzt zu sein."*

Vorverfahren bei Leistungsklage nur im Beamtenrecht	**b)** Ein **Vorverfahren** ist bei der allgemeinen Leistungsklage nicht vorgesehen. Eine **Ausnahme** gilt im **Beamtenrecht**, wo grds. bei allen Klagen ein Vorverfahren durchzuführen ist (§ 54 Abs. 2 S. 1 BeamtStG, § 126 Abs. 2 S. 1 BBG). Allerdings können die Länder hiervon Ausnahmen zulassen (§ 54 Abs. 2 S. 3 BeamtStG).
Klagefrist bei Leistungsklage nur im Beamtenrecht	**c)** Ebenso braucht bei der Leistungsklage grds. **keine Klagefrist** eingehalten zu werden. Etwas anderes gilt wiederum für die beamtenrechtliche Leistungsklage, bei der über § 54 Abs. 2 BeamtStG, § 126 Abs. 2 BBG die Regelung des § 74 Abs. 1 S. 1 VwGO gilt, wenn ein Widerspruchsbescheid vorliegt.

4. Allgemeine Sachurteilsvoraussetzungen

Anders als im Normalfall kann bei der Leistungsklage das **Rechtsschutzbedürfnis** problematisch sein. So ist z.B. umstritten, ob ein vorheriger Antrag bei der Behörde Zulässigkeitsvoraussetzung der allgemeinen Leistungsklage ist.

Vorheriger Antrag bei der Behörde

Die h.M. verneint dies unter Hinweis auf § 156 VwGO. Das Fehlen des Antrags bei der Behörde führt danach nicht zur Unzulässigkeit der Klage, sondern hat nur kostenrechtliche Auswirkungen.

Bei der (vorbeugenden) Unterlassungsklage bedarf es eines **qualifizierten Rechtsschutzbedürfnisses**.

Qualifiziertes Rechtsschutzbedürfnis bei vorbeugender Unterlassungsklage

Will der Kläger den Erlass eines VA verhindern, so fehlt es i.d.R. am Rechtsschutzbedürfnis, weil er nach Erlass des VA durch die gemäß § 80 Abs. 1 VwGO eintretende aufschiebende Wirkung hinreichend geschützt wird. Etwas anderes gilt nur, wenn die Verweisung auf den nachträglichen Rechtsschutz unzumutbar ist, z.B. weil ansonsten vollendete Tatsachen geschaffen werden.

II. Begründetheit der allgemeinen Leistungsklage

Die allgemeine Leistungsklage ist begründet, wenn der Kläger einen Anspruch auf die begehrte Handlung, Duldung oder Unterlassung hat. Ansprüche können sich insbes. ergeben als ör Abwehr- und Unterlassungsanspruch, als Folgenbeseitigungsanspruch (FBA) oder als ör Erstattungsanspruch (s.o. 67 ff.).

E. Allgemeine Feststellungsklage

Mit der allgemeinen Feststellungsklage soll eine **verbindliche Klärung** einer (unklaren) **Rechtslage** erreicht werden.

I. Zulässigkeit der allgemeinen Feststellungsklage

Aufbauschema: Zulässigkeit der allg. Feststellungsklage

1. **Verwaltungsrechtsweg**

2. **Statthaftigkeit der allgemeinen Feststellungsklage**

   a) **konkretes Rechtsverhältnis/Nichtigkeit eines VA**

   b) **keine Subsidiarität** (§ 43 Abs. 2 VwGO)

3. **Besondere Sachurteilsvoraussetzungen**

   a) **Feststellungsinteresse** (§ 43 Abs. 1 VwGO)

   b) **Klagebefugnis** (§ 42 Abs. 2 VwGO analog)

   c) grds. kein **Vorverfahren** (Ausnahme: Beamtenrecht)

   d) grds. keine **Klagefrist** (Ausnahme: Beamtenrecht)

4. **Allgemeine Sachurteilsvoraussetzungen**

---

1. Verwaltungsrechtsweg

Die Eröffnung des Verwaltungsrechtswegs richtet sich auch bei der Feststellungsklage nach Spezialzuweisungen (z.B. § 54 Abs. 1 BeamtStG) oder nach der Generalklausel des § 40 Abs. 1 S. 1 VwGO.

2. Statthaftigkeit der allgemeinen Feststellungsklage

Die allgemeine Feststellungsklage nach § 43 Abs. 1 VwGO ist gerichtet auf Feststellung

- des **Bestehens eines Rechtsverhältnisses** (positive Feststellungsklage) oder

- des **Nichtbestehens eines Rechtsverhältnisses** (negative Feststellungsklage) sowie

- der **Nichtigkeit eines VA** (Nichtigkeitsfeststellungsklage).

Beispiele: Klage auf Bestehen eines Beamtenverhältnisses; Klage auf Feststellung, dass ein bestimmtes Verhalten nicht genehmigungspflichtig ist; Klage auf Feststellung, dass ein VA nach § 44 VwVfG nichtig ist.

| 2. Teil | Verwaltungsprozessrecht |

Rechtsverhältnis, auch einzelne Rechte und Pflichten

a) Gegenstand der allgemeinen Feststellungsklage ist ein **Rechtsverhältnis**. Darunter versteht man die sich aus einem konkreten Sachverhalt aufgrund einer (öffentlich-rechtlichen) Rechtsnorm ergebenden rechtlichen Beziehungen einer Person zu einer anderen Person oder zu einer Sache. Gegenstand der Feststellungsklage können auch **einzelne** sich aus dem Rechtsverhältnis ergebende **Rechte und Pflichten** sein.

Beispiele: Klage auf Feststellung des Bestehens oder Nichtbestehens einzelner beamtenrechtlicher Rechte oder Pflichten.

Keine abstrakten Rechtsfragen, aber konkrete Anwendung der Norm

Nicht feststellungsfähig sind dagegen unselbstständige Teile oder Vorfragen von Rechtsverhältnissen, die nicht unmittelbar Rechte und Pflichten begründen (z.B. bloße Tatsachen oder Eigenschaften einer Person). Ebenso können rein abstrakte Rechtsfragen (z.B. die Wirksamkeit einer Rechtsnorm) nicht Gegenstand der Feststellungsklage sein. Ergibt sich allerdings aus der **Anwendung der Norm** auf einen bestimmten Sachverhalt ein konkretes Rechtsverhältnis, so ist eine Inzidentkontrolle der zugrunde liegenden Rechtsnorm im Rahmen der Feststellungsklage möglich.

Mit der Feststellungsklage kann z.B. geklärt werden, ob die Behörde berechtigt ist, eine vom Kläger für unwirksam gehaltene Norm im konkreten Fall anzuwenden. Streitgegenstand ist dann nicht unmittelbar die Wirksamkeit der Norm, sondern deren Anwendung im Einzelfall.

Subsidiarität

b) Die Feststellungsklage ist nach § 43 Abs. 2 VwGO nicht zulässig, soweit der Kläger seine Rechte durch Gestaltungs- oder Leistungsklage verfolgen kann oder hätte verfolgen können. Gegenüber Anfechtungs-, Verpflichtungs- und Leistungsklagen ist die Feststellungsklage daher subsidiär. Die **Subsidiarität** gilt nicht

- bei der Nichtigkeitsfeststellungsklage (§ 43 Abs. 2 S. 2 VwGO),

- wenn die Feststellungsklage rechtsschutzintensiver ist sowie

- nach Sinn und Zweck des § 43 Abs. 2 VwGO.

Beispiele: Die Feststellungsklage ist rechtsschutzintensiver und daher nicht subsidiär, wenn nicht nur einzelne Ansprüche, sondern das Rechtsverhältnis umfassend geklärt werden soll. Die vorbeugende Feststellungsklage ist nach der Rspr. nicht subsidiär gegenüber der vorbeugenden Unterlassungsklage, da hier weder die Gefahr eines Doppelprozesses besteht noch die besonderen Sachurteilsvoraussetzungen anderer Klagen unterlaufen werden.

Zuweilen hat die Rspr. die Subsidiarität auch dann abgelehnt, wenn die Feststellungsklage gegen einen **Hoheitsträger** gerichtet ist, da der Staat auch Feststellungsurteile zu beachten habe. Überwiegend wird diese Ausnahme zu Recht abgelehnt, da verwaltungsgerichtliche Klagen sich typischerweise gegen Hoheitsträger richten und dann die Subsidiarität der Feststellungsklage praktisch leerliefe.

3. Besondere Sachurteilsvoraussetzungen

a) Die Feststellungsklage ist nach § 43 Abs. 1 Hs. 2 VwGO nur zulässig, wenn der Kläger ein berechtigtes Interesse an der baldigen Feststellung hat **(Feststellungsinteresse)**. Dabei ist anders als nach § 256 ZPO kein rechtliches Interesse erforderlich. Ausreichend ist vielmehr jedes nach der Sachlage anzuerkennende schutzwürdige Interesse rechtlicher, wirtschaftlicher oder ideeller Art.

Feststellungsinteresse

b) Weitere besondere Sachurteilsvoraussetzungen bestehen für die Feststellungsklage grds. nicht, insbes. ist weder ein Vorverfahren durchzuführen noch eine Klagefrist zu beachten (Ausnahme für beamtenrechtliche Feststellungsklagen nach § 54 Abs. 2 BeamtStG, § 126 Abs. 2 BBG). Allerdings verlangt die Rspr. zur Vermeidung einer Popularklage auch bei der Feststellungsklage eine **Klagebefugnis** analog § 42 Abs. 2 VwGO, während die Gegenansicht eine Analogie im Hinblick auf das Feststellungsinteresse nicht für erforderlich hält.

Klagebefugnis analog § 42 Abs. 2 VwGO

II. Begründetheit der allgemeinen Feststellungsklage

Die allgemeine Feststellungsklage ist begründet, wenn

■ das streitige Rechtsverhältnis besteht bzw. nicht besteht oder

■ wenn der betroffene VA gemäß § 44 VwVfG nichtig ist.

F. Verwaltungsgerichtliche Normenkontrolle

I. Zulässigkeit des Normenkontrollverfahrens

Aufbauschema: Zulässigkeit des Normenkontrollverfahrens

1. **Verwaltungsrechtsweg**
2. **Statthaftigkeit** (§ 47 Abs. 1 VwGO)
   - Satzungen nach BauGB (Nr. 1)
   - untergesetzliches Landesrecht (Nr. 2)
3. **Besondere Sachurteilsvoraussetzungen**
   a) **Antragsbefugnis** (§ 47 Abs. 2 S. 1 VwGO)
   b) **Antragsfrist** (§ 47 Abs. 2 S. 1 VwGO)
   c) **Antragsgegner** (§ 47 Abs. 2 S. 2 VwGO)
4. **Allgemeine Sachurteilsvoraussetzungen**

107

1. Verwaltungsrechtsweg

Auch im Verfahren nach § 47 VwGO muss der Verwaltungsrechtsweg eröffnet sein („im Rahmen seiner Gerichtsbarkeit"), d.h. es müssen die Voraussetzungen einer Spezialzuweisung oder des § 40 Abs. 1 S. 1 VwGO erfüllt sein. Sachlich zuständig ist das OVG (bzw. der VGH, § 184 VwGO).

2. Statthaftigkeit der Normenkontrolle

Satzungen nach BauGB und untergesetzliches Landesrecht

Statthaft ist das Normenkontrollverfahren gemäß § 47 Abs. 1 Nr. 1 VwGO bei Satzungen nach den Vorschriften des BauGB (insbes. Bebauungspläne, § 10 BauGB) und (nach Nr. 2) bei anderen im Rang unter dem Landesgesetz stehenden Rechtsvorschriften, sofern das Landesrecht dies bestimmt (was in allen Ländern mit Ausnahme von Berlin, Hamburg und NRW geschehen ist).

Im Fall des § 47 Abs. 1 Nr. 2 VwGO können Gegenstand der Normenkontrolle z.B. sein RechtsVOen des Landes sowie Satzungen der Kommunen, nicht dagegen Bundesrecht oder formelle Landesgesetze.

! *Von der verwaltungsgerichtlichen Normenkontrolle zu unterscheiden ist die abstrakte und die konkrete Normenkontrolle von formellen Gesetzen durch die **Verfassungsgerichte** (vgl. z.B. Art. 93 Abs. 1 Nr. 2 GG und Art. 100 GG für das BVerfG).*

3. Besondere Sachurteilsvoraussetzungen

Antragsbefugnis

a) Den Normenkontrollantrag kann gemäß § 47 Abs. 2 S. 1 VwGO jede natürliche oder juristische Person stellen, die geltend macht, durch die Rechtsvorschrift oder deren Anwendung in ihren Rechten verletzt zu sein oder in absehbarer Zeit verletzt zu werden **(Antragsbefugnis)**. Wie bei der Klagebefugnis (§ 42 Abs. 2 VwGO) muss die möglicherweise verletzte Norm zumindest auch den Individualinteressen des Antragstellers zu dienen bestimmt sein.

Beispiele: Antragsbefugnis aus Art. 14 Abs. 1 GG bei Grundstücken im Bereich eines Bebauungsplans, Anspruch auf angemessene Berücksichtigung der eigenen Belange in der Abwägung (§ 1 Abs. 7 BauGB).

Antragsfrist

b) Nach § 47 Abs. 2 S. 1 VwGO ist der Normenkontrollantrag innerhalb einer **Antragsfrist** von einem Jahr nach Bekanntmachung der angegriffenen Rechtsvorschrift zu stellen.

Antragsgegner

c) Antragsgegner ist nach § 47 Abs. 2 S. 2 VwGO die juristische Person des öffentlichen Rechts, welche die Rechtsvorschrift erlassen hat (also z.B. die Gemeinde beim Bebauungsplan nach §§ 1 Abs. 3, 2 Abs. 1 BauGB).

Statthafte Klageart | **3. Abschnitt**

4. Allgemeine Sachurteilsvoraussetzungen

Das **Rechtsschutzbedürfnis** für das Normenkontrollverfahren fehlt, wenn die Rechtsstellung des Antragstellers auch bei Unwirksamkeit der angegriffenen Vorschrift nicht verbessert würde.

Kein Rechtsschutzbedürfnis, wenn keine Vorteile durch Normenkontrolle

Ist der angegriffene Bebauungsplan durch die Genehmigung von Bauvorhaben bereits vollständig verwirklicht, fehlt i.d.R. das Rechtsschutzbedürfnis. Denn die Unwirksamkeit des Bebauungsplans berührt nicht die Wirksamkeit einer erteilten Baugenehmigung. Die Baugenehmigung ist zwar rechtswidrig, aber i.d.R. nicht nach § 44 VwVfG nichtig.

II. Begründetheit des Normenkontrollantrags

Der Normenkontrollantrag ist begründet, wenn die angegriffene **Norm gegen höherrangiges Recht verstößt**. Anders als bei der Anfechtungsklage kommt es im Rahmen der Begründetheit nicht darauf an, ob hierdurch Rechte des Antragstellers verletzt werden. Denn bei der Normenkontrolle handelt es sich um ein **objektives Rechtsbeanstandungsverfahren**.

Objektives Rechtsbeanstandungsverfahren

Gelangt das OVG (bzw. der VGH) zu der Überzeugung, dass die Rechtsvorschrift ungültig ist, so erklärt es sie für **unwirksam**. In diesem Fall ist die Entscheidung **allgemein verbindlich** (§ 47 Abs. 5 S. 2 VwGO). Anders als bei den übrigen Klagen wirkt das Urteil daher nicht nur zwischen den Parteien (inter partes), sondern allgemein (inter omnes).

Wird Norm für unwirksam erklärt besteht Wirkung inter omnes.

109

Check: Klagearten II

1. Wann ist die allgemeine Leistungsklage statthaft?

1. Die allgemeine Leistungsklage ist statthaft, wenn das Begehren des Klägers auf eine Leistung gerichtet ist, die nicht im Erlass oder in der Aufhebung eines VA besteht, also insb. bei schlichtem Verwaltungshandeln.

2. Welche besonderen Sachurteilsvoraussetzungen gelten für die allgemeine Leistungsklage?

2. Besondere Sachurteilsvoraussetzungen bestehen für die Leistungsklage grds. nicht. Allerdings verlangt die h.M. zur Vermeidung einer Popularklage eine Klagebefugnis analog § 42 Abs. 2 VwGO. Bei beamtenrechtlichen Leistungsklagen ist zudem grds. ein Vorverfahren durchzuführen und die Klagefrist (§ 74 Abs. 1 S. 1 VwGO) einzuhalten (vgl. z.B. § 54 Abs. 2 BeamtStG).

3. Was kann Gegenstand der allgemeinen Feststellungsklage sein?

3. Die allgemeine Feststellungsklage (§ 43 Abs. 1 VwGO) ist gerichtet auf Feststellung des Bestehens oder Nichtbestehens eines Rechtsverhältnisses oder der Nichtigkeit eines VA.

4. Was versteht man unter einem Rechtsverhältnis i.S.d. § 43 Abs. 1 VwGO?

4. Unter einem Rechtsverhältnis versteht man die sich aus einem konkreten Sachverhalt aufgrund einer (öffentlich-rechtlichen) Norm ergebenden rechtlichen Beziehungen einer Person zu einer anderen Person oder zu einer Sache.

5. Wann greift der Grundsatz der Subsidiarität der allgemeinen Feststellungsklage nicht ein?

2. Die Subsidiarität gilt nicht bei der Nichtigkeitsfeststellungsklage (§ 43 Abs. 2 S. 2 VwGO), wenn die Feststellungsklage rechtsschutzintensiver ist und nach Sinn und Zweck wenn weder die Gefahr eines Doppelprozesses besteht noch besondere Sachurteilsvoraussetzungen umgangen werden.

6. Welche besonderen Sachurteilsvoraussetzungen gelten für die allgemeine Feststellungsklage?

6. Erforderlich ist in jedem Fall das sog. Feststellungsinteresse (§ 43 Abs. 1 VwGO), nach h.M. auch eine Klagebefugnis analog § 42 Abs. 2 VwGO. Bei beamtenrechtlichen Feststellungsklagen ist zudem grds. ein Vorverfahren durchzuführen und die Klagefrist (§ 74 Abs. 1 S. 1 VwGO) einzuhalten (vgl. z.B. § 54 Abs. 2 BeamtStG).

7. Welche Rechtsnormen können Gegenstand des Normenkontrollverfahrens nach § 47 VwGO sein?

7. Gegenstand des Normenkontrollverfahrens nach § 47 VwGO können sein: Satzungen nach dem BauGB (insbes. Bebauungspläne) und andere untergesetzliche, landesrechtliche Rechtsvorschriften (RechtsVO, Satzung), soweit das Landesrecht dies bestimmt.

110

4. Abschnitt: Besondere Sachurteilsvoraussetzungen

Während die allgemeinen Sachurteilsvoraussetzungen für jedes verwaltungsgerichtliche Verfahren gelten, hängen die besonderen Sachurteilsvoraussetzungen **von der jeweiligen Klageart** ab. Die wichtigsten besonderen Sachurteilsvoraussetzungen sind:

Besondere Sachurteilsvoraussetzungen abhängig von der Klageart

- die **Klagebefugnis** (§ 42 Abs. 2 VwGO),

- das **Vorverfahren** (§ 68 VwGO),

- die **Klagefrist** (§ 74 VwGO) und

- der **richtige Beklagte** (§ 78 VwGO).

A. Klagebefugnis

I. Anwendungsbereich

Anfechtungs- und Verpflichtungsklagen sind gemäß § 42 Abs. 2 VwGO grds. nur zulässig, wenn der Kläger geltend macht, durch den Verwaltungsakt oder seine Ablehnung oder Unterlassung in seinen Rechten verletzt zu sein (sog. **Klagebefugnis**).

Etwas anderes gilt bei abweichender gesetzlicher Regelung (vgl. § 42 Abs. 2 VwGO: „soweit gesetzlich nichts anderes bestimmt ist"), z.B. bei der Vereinsklage nach § 64 BNatSchG („ohne in eigenen Rechten verletzt zu sein").

Allgemein anerkannt ist, dass eine Klagebefugnis auch bei der **Fortsetzungsfeststellungsklage** (§ 113 Abs. 1 S. 4 VwGO) erforderlich ist. Um eine der VwGO fremde Popularklage zu verhindern, wird § 42 Abs. 2 VwGO von der Rspr. analog auch bei der allgemeinen **Leistungsklage** und bei der allgemeinen **Feststellungsklage** angewendet. Die Gegenansicht verneint hier die für eine Analogie erforderliche Regelungslücke, da bei diesen Klagen das allgemeine Rechtsschutzbedürfnis bzw. das Feststellungsinteresse ein ausreichendes Korrektiv sei, um eine Popularklage zu verhindern. Bei der Normenkontrolle ist eine Antragsbefugnis erforderlich (§ 47 Abs. 2 VwGO), deren Anforderungen denen der Klagebefugnis entsprechen.

Klagebefugnis bei
- Anfechtungsklage
- Verpflichtungsklage
- Fortsetzungsfeststellungsklage
- Leistungsklage (str.)
- Feststellungsklage (str.)

II. Voraussetzungen

1. Erforderlich und ausreichend für die Klagebefugnis ist, dass eine Verletzung der subjektiven Rechte des Klägers möglich ist **(Möglichkeitstheorie)**. Negativ formuliert heißt das, dass die Klagebefugnis nur dann fehlt, wenn offensichtlich und eindeutig nach keiner Betrachtungsweise die vom Kläger behaupteten Rechte bestehen oder ihm zustehen können.

Möglichkeitstheorie

111

2. Teil | Verwaltungsprozessrecht

Schutznormtheorie

2. Subjektive Rechte können sich in erster Linie aus einfach-gesetzlichen Vorschriften ergeben. Eine Rechtsnorm beinhaltet dann ein **subjektives öffentliches Recht**, wenn sie nicht nur den Interessen der Allgemeinheit, sondern nach ihrer Zweckbestimmung zumindest auch den Individualinteressen des Klägers zu dienen bestimmt ist **(Schutznormtheorie)**.

Die **Klagebefugnis fehlt**, wenn

- die Vorschrift nur dem Schutz der Allgemeinheit dient,
- der Betroffene nicht zum geschützten Personenkreis gehört oder
- der Schutz der Interessen des betroffenen Bürgers nicht bezweckt ist, sondern sich als bloßer Reflex der Regelung erweist.

Beispiel: Bei der Klage des Nachbarn gegen die dem Bauherrn erteilte Baugenehmigung können nur solche Vorschriften die Klagebefugnis begründen, die nachbarschützend sind, nicht dagegen die Vorschriften, die lediglich der geordneten städtebaulichen Entwicklung dienen.

Klagebefugnis aus Grundrechten

3. Subjektive (Abwehr-)Rechte können sich auch aus **Grundrechten** ergeben. Ein Rückgriff auf Grundrechte ist jedoch nur zulässig, wenn einfach-gesetzliche Vorschriften mit drittschützender Wirkung fehlen **(Anwendungsvorrang des einfachen Rechts)**. Bei Grundrechten ist nicht der subjektiv-rechtliche Charakter zweifelhaft, sondern entscheidend, ob die Maßnahme in den Schutzbereich des Grundrechts eingreift.

Mit den §§ 53 ff. AufenthG wird z.B. das Interesse der Allgemeinheit an der Ausweisung des Ausländers verfolgt. Der Ehegatte des Betroffenen kann sich jedoch auf den Schutz des Art. 6 Abs. 1 GG berufen, da durch die Ausweisung die eheliche Lebensgemeinschaft beeinträchtigt wird.

III. Fallgruppen

Adressatentheorie

1. Die Klagebefugnis ist i.d.R. unproblematisch, wenn der Adressat einen ihn belastenden VA anficht. Denn der Adressat kann stets geltend machen, dass eine belastende Maßnahme in seine Grundrechte, zumindest in Art. 2 Abs. 1 GG eingreift (sog. **Adressatentheorie**).

Rechtsnorm mit Anspruchsqualität

2. Bei der **Verpflichtungsklage** muss die Möglichkeit bestehen, dass der Kläger einen Anspruch auf den begehrten VA hat. Es ist daher darauf abzustellen, ob die in Betracht kommende Rechtsgrundlage für den Kläger ein subjektives Recht beinhaltet, mithin **Anspruchsqualität** hat. Ob der Anspruch tatsächlich besteht, ist dagegen eine Frage der Begründetheit.

Besondere Sachurteilsvoraussetzungen | 4. Abschnitt

3. Problematisch ist die Klagebefugnis insbes. in **Drittbeteiligungs-fällen**. Der Dritte ist nur klagebefugt, wenn er geltend machen kann, dass die streitentscheidende Norm drittschützend ist. Daran fehlt es, wenn die Norm ausschließlich Interessen der Allgemeinheit schützen soll.

Drittbeteiligungsfälle

Beispiele: Im Baurecht haben die Festsetzungen im Bebauungsplan über die Art der baulichen Nutzung (z.B. Festsetzung als Wohngebiet) grds. nachbarschützende Wirkung. Der Nachbar kann sich innerhalb seines Baugebiets gegen jede artfremde Nutzung wehren, unabhängig davon, ob sie ihn tatsächlich beeinträchtigt (sog. Gebietserhaltungsanspruch).

Im Immissionsschutzrecht begründet § 5 Abs. 1 Nr. 1 BImSchG ein subjektives Recht für den Nachbarn, nicht dagegen § 5 Abs. 1 Nr. 2 BImSchG, mit dem lediglich Interessen der Allgemeinheit verfolgt werden.

B. Vorverfahren

I. Erforderlichkeit des Vorverfahrens

Vor der Erhebung von **Anfechtungs- und Verpflichtungsklagen** muss nach § 68 Abs. 1 bzw. Abs. 2 VwGO grds. ein Vorverfahren durchgeführt werden. Bei **Leistungs- und Feststellungsklagen** ist ein Vorverfahren nicht vorgesehen. Etwas anderes gilt für beamtenrechtliche Klagen, bei denen nach § 126 Abs. 2 BBG bzw. § 54 Abs. 2 BeamtStG generell ein Vorverfahren durchzuführen ist. Bei der **Fortsetzungsfeststellungsklage** (§ 113 Abs. 1 S. 4 VwGO) ist ein Vorverfahren jedenfalls dann erforderlich, wenn Erledigung nach Klageerhebung eintritt. Bei vorprozessualer Erledigung wird dagegen auf ein Vorverfahren überwiegend verzichtet, wenn Erledigung vor Ablauf der Widerspruchsfrist eingetreten ist (s.o. S. 100).

Vorverfahren bei
- *Anfechtungsklage*
- *Verpflichtungsklage*
- *ggf. Fortsetzungsfeststellungsklage*

***nicht** bei*
- *Leistungsklage*
- *Feststellungsklage*
(Ausnahme: BeamtenR)

II. Ausschluss des Vorverfahrens

Ein Vorverfahren ist **nicht erforderlich:**

■ bei **gesetzlicher Ausnahme** (§ 68 Abs. 1 S. 2 Hs. 1 VwGO: „wenn ein Gesetz dies bestimmt"),

Gesetzliche Ausnahmen

■ wenn der Verwaltungsakt von einer obersten Bundesbehörde oder obersten Landesbehörde erlassen worden ist (§ 68 Abs. 1 S. 2 Nr. 1 VwGO), also insbes. bei **ministeriellen Entscheidungen**,

Oberstbehördliche Entscheidungen

Etwas anders gilt bei hiervon abweichender gesetzlicher Regelung, z.B. in § 126 Abs. 2 S. 2 BBG, § 54 Abs. 2 S. 2 BeamtStG.

■ wenn der Abhilfebescheid oder der Widerspruchsbescheid **erstmalig eine Beschwer** enthält (§ 68 Abs. 1 S. 2 Nr. 2 VwGO).

Kein „doppeltes" Widerspruchsverfahren

113

2. Teil | Verwaltungsprozessrecht

Vgl. Art. 15 Bay AGVwGO (mit Wahlrecht in einigen Bereichen), § 80 NJG, § 110 JustG NRW.

Einige Länder haben in den letzten Jahren das Erfordernis des Vorverfahrens gemäß § 68 Abs. 1 S. 2 Hs. 1 VwGO erheblich eingeschränkt. In Bayern, Niedersachsen und Nordrhein-Westfalen ist das Widerspruchsverfahren **weitgehend abgeschafft** worden, sodass hier i.d.R. sofort geklagt werden muss. In den übrigen Ländern sind nur bereichsspezifische Ausnahmen gemacht worden, sodass es dort grds. bei der Durchführung des Vorverfahrens bleibt.

III. Entbehrlichkeit des Vorverfahrens

Untätigkeitsklage (§ 75 VwGO)

Ist ein Widerspruch erforderlich, so ist die ohne Vorverfahren erhobene Klage grds. **unzulässig**. Etwas anderes gilt nach § 75 VwGO, wenn die Behörde ohne zureichenden Grund in angemessener First sachlich nicht entschieden hat (sog. **Untätigkeitsklage**).

Entbehrlichkeit nach Sinn und Zweck

Die Rspr. nimmt überdies an, dass ein Vorverfahren auch dann **entbehrlich** ist, wenn sein Zweck (Überprüfung der Recht- und Zweckmäßigkeit, § 68 Abs. 1 S. 1 VwGO) schon **auf andere Weise erreicht** worden ist oder gar **nicht mehr erreicht** werden kann.

Das wird z.B. bejaht, wenn sich die Widerspruchsbehörde im Prozess auf die Sache einlässt, da sich der Standpunkt der Behörde im Widerspruchsbescheid voraussichtlich nicht anders als im Prozess darstellen würde.

C. Klagefrist

I. Anwendungsbereich

Klagefrist bei
- Anfechtungsklage
- Verpflichtungsklage
nicht bei
- Leistungsklage
- Feststellungsklage
(Ausnahme: BeamtenR)

1. Die **Anfechtungsklage** muss innerhalb eines Monats nach Zustellung des Widerspruchsbescheides erhoben werden (§ 74 Abs. 1 S. 1 VwGO). Ist nach § 68 Abs. 1 S. 2 VwGO ein Widerspruchsverfahren nicht erforderlich, so muss die Klage innerhalb eines Monats nach Bekanntgabe des VA erhoben werden (§ 74 Abs. 1 S. 2 VwGO). Entsprechendes gilt für die **Verpflichtungsklage**, wenn der Antrag auf Vornahme des VA abgelehnt worden ist (§ 74 Abs. 2 VwGO).

2. Leistungs-, Feststellungs- und Fortsetzungsfeststellungsklagen sind grds. **nicht fristgebunden**. Eine Ausnahme gilt für beamtenrechtliche Klagen, soweit gemäß § 126 Abs. 2 S. 1 BBG, § 54 Abs. 2 S. 1 BeamtStG auch bei diesen Klagen ein Widerspruchsbescheid ergeht und dann die Monatsfrist des § 74 Abs. 1 S. 1 VwGO einzuhalten ist.

II. Fristberechnung

Die Monatsfrist des § 74 VwGO wird gemäß § 57 Abs. 2 VwGO i.V.m. § 222 ZPO und § 188 BGB berechnet. Die Frist endet im folgenden

114

Besondere Sachurteilsvoraussetzungen | **4. Abschnitt**

Monat mit Ablauf des Tages, welcher zahlenmäßig dem Tag der Zustellung des Widerspruchsbescheides bzw. der Bekanntgabe des VA entspricht (§ 188 Abs. 2 BGB).

Erfolgt die Zustellung am 05.09., muss die Klage am 05.10. vor 24.00 h bei Gericht eingehen. Bei Bekanntgabe am 31.01. endet die Monatsfrist gemäß § 188 Abs. 3 BGB mit dem 28.02. Fällt das Ende der Frist auf einen Sonnabend, Sonntag oder allgemeinen Feiertag, so endet die Frist erst mit Ablauf des nächsten Werktages (§ 57 Abs. 2 VwGO i.V.m. § 222 Abs. 2 ZPO).

Beachte in diesem Zusammenhang auch die Zustellungsfiktion in § 4 Abs. 2 S. 2 VwZG: Beim Übergabeeinschreiben gilt der Bescheid am dritten Tag nach der Aufgabe zu Post als zugestellt, es sei denn, dass er nicht oder zu einem späteren Zeitpunkt zugegangen ist (ähnlich § 41 Abs. 2 S. 1 VwVfG bei der formlosen Bekanntgabe, s.o. S. 40).

III. Rechtsbehelfsbelehrung

Fehlt eine Rechtsbehelfsbelehrung oder ist diese unrichtig erteilt, so gilt nicht die Monatsfrist des § 74 VwGO, sondern gemäß § 58 Abs. 2 S. 1 VwGO eine **Jahresfrist**. Unrichtig ist die Rechtsbehelfsbelehrung, wenn obligatorische Bestandteile i.S.d. § 58 Abs. 1 VwGO fehlen, aber auch dann, wenn sie aufgrund **unrichtiger Zusätze** abstrakt geeignet ist, die Rechtsbehelfseinlegung zu erschweren.

Jahresfrist bei fehlender oder unrichtiger Rechtsbehelfsbelehrung (§ 58 Abs. 2 VwGO)

Unrichtig ist z.B. eine Rechtsbehelfsbelehrung, die nur darauf verweist, das die Klage schriftlich erhoben werden muss, ohne auf die Möglichkeit einer Einlegung zu Protokoll bei Gericht (§ 81 Abs. 1 S. 2 VwGO) oder der elektronischen Übermittlung (§ 55 a VwGO) hinzuweisen (letzteres str.).

D. Richtiger Klagegegner

I. Prüfungsstandort

Nicht zur Zulässigkeit, sondern zur Begründetheit gehört die Frage der **Passivlegitimation**, also danach, ob der Beklagte materiell der richtige Anspruchsgegner ist. Bei Anfechtungs- und Verpflichtungsklagen ist nach herrschendem Verständnis abweichend hiervon jedoch bereits in der Zulässigkeit zu prüfen, ob die Klage (prozessual) gegen den richtigen Beklagten gerichtet worden ist.

Prozessführungsbefugnis, nicht Passivlegitimation

Dies folgt aus § 78 VwGO, der nach h.M. nicht die Sachlegitimation, sondern die **Prozessführungsbefugnis** auf Beklagtenseite regelt. Kann die Behörde nach § 78 Abs. 1 Nr. 2 VwGO verklagt werden, so handelt sie in Prozessstandschaft für ihren Rechtsträger. Nach der Gegenansicht enthält § 78 VwGO eine Regelung der Passivlegitimation, deren Voraussetzungen (erst) im Rahmen der Begründetheit zu prüfen sind (so insbes. in Bayern).

115

II. Bestimmung des Beklagten

Richtiger Beklagter bei
- Anfechtungsklage
- Verpflichtungsklage
- Fortsetzungsfeststellungsklage
- Nichtigkeitsfeststellungsklage

nicht bei
- Leistungsklage
- Feststellungsklage

Richtiger Beklagter ist bei Anfechtungs- und Verpflichtungsklagen nach § 78 Abs. 1 Nr. 1 VwGO der Bund, das Land oder die Körperschaft, deren Behörde den angefochtenen VA erlassen oder den beantragten VA unterlassen hat. Sofern das Landesrecht dies bestimmt, sind Anfechtungs- und Verpflichtungsklagen gegen die Behörde selbst zu richten (§ 78 Abs. 1 Nr. 2 VwGO).

So z.B. in Brandenburg, Mecklenburg-Vorpommern und im Saarland; in Niedersachsen und Schleswig-Holstein nur für Landesbehörden.

Aufgrund der vergleichbaren Interessenlage gilt § 78 VwGO analog bei der **Fortsetzungsfeststellungsklage** (§ 113 Abs. 1 S. 4 VwGO) und bei der **Nichtigkeitsfeststellungsklage** (§ 43 Abs. 1 Alt. 2 VwGO).

Bei **allgemeinen Leistungs- und Feststellungsklagen** ist § 78 VwGO **nicht anwendbar**. Bei der Leistungsklage ergibt sich die passive Prozessführungsbefugnis unmittelbar aus dem Rechtsträgerprinzip. Die Klage ist, sofern Beklagter ein Verwaltungsträger ist, gegen die Körperschaft zu richten, die nach dem materiellen Recht verpflichtet ist, den geltend gemachten Anspruch zu erfüllen. Bei der Feststellungsklage ist Klagegegner die Körperschaft, zu der das streitige Rechtsverhältnis bestehen oder nicht bestehen soll.

! *Da bei der allgemeinen Leistungs- und Feststellungsklage die Prozessführungsbefugnis und die Passivlegitimation identisch sind, wird üblicherweise bei diesen Klagen auf den Klagegegner in der Zulässigkeit nicht näher eingegangen. Die Passivlegitimation wird sodann in der Begründetheit geprüft (wenn problematisch).*

5. Abschnitt: Allgemeine Sachurteilsvoraussetzungen

Neben den besonderen Sachurteilsvoraussetzungen gibt es eine Reihe allgemeiner Sachurteilsvoraussetzungen, die **für alle Verfahren** gelten. In der Klausur sind sie nur zu erörtern, wenn ihr Vorliegen zweifelhaft ist. Auch hierbei gibt es keine feste Prüfungsreihenfolge.

A. Zuständigkeit des Gerichts

I. Logisch vorrangig vor allen anderen Sachurteilsvoraussetzungen ist des Bestehen der **deutschen Gerichtsbarkeit**, da hiervon die Anwendbarkeit der VwGO insgesamt abhängt. Diese ist allerdings i.d.R. unproblematisch und daher nicht anzusprechen (zu Ausnahmen vgl. §§ 18 ff. GVG).

Allgemeine Sachurteilsvoraussetzungen

II. Wenn ausnahmsweise die sachliche, instanzielle oder örtliche **Zuständigkeit des Gerichts** (§§ 45 ff., 52 VwGO) problematisch ist, sollte dies i.d.R. nach Feststellung des Verwaltungsrechtswegs erörtert werden.

Zu beachten ist jedoch, dass die örtliche Zuständigkeit zuweilen von der Klageart abhängt (vgl. § 52 Nr. 2 u. 3 VwGO) und dann erst nach deren Feststellung geprüft werden kann.

!

B. Beteiligten- und Prozessfähigkeit

I. Beteiligtenfähigkeit

Beteiligtenfähig sind nach § 61 Nr. 1 VwGO natürliche und juristische Personen (des privaten und des öffentlichen Rechts), nach § 61 Nr. 2 VwGO auch Vereinigungen, soweit ihnen ein Recht zustehen kann. Behörden sind nach § 61 Nr. 3 VwGO nur beteiligtenfähig, soweit das Landesrecht dies bestimmt.

Die sonstigen allgemeinen Sachurteilsvoraussetzungen sollten, wenn problematisch, i.d.R. nach den besonderen Sachurteilsvoraussetzungen angesprochen werden.

So z.B. in Brandenburg, Mecklenburg-Vorpommern und im Saarland; in Niedersachsen und Schleswig-Holstein nur für Landesbehörden.

Die Beteiligtenfähigkeit (§§ 61 ff. VwGO) wird zwar häufig bereits im Anschluss an die gerichtsbezogenen Voraussetzungen erörtert. Auch dies ist allerdings nicht zwingend. Insbesondere dann, wenn sich der richtige Klagegegner nach § 78 VwGO bestimmt, empfiehlt es sich auf die Beteiligtenfähigkeit erst nach den besonderen Sachurteilsvoraussetzungen einzugehen.

!

II. Prozessfähigkeit

Während die Beteiligtenfähigkeit regelt, wer überhaupt Partei eines Prozessrechtsverhältnisses sein kann, bestimmt die **Prozessfähigkeit** wer selbst oder durch einen Bevollmächtigten (§ 67 VwGO) wirksam Verfahrenshandlungen vornehmen kann. Prozessfähig sind nach § 62 Abs. 1 VwGO die nach bürgerlichem Recht Geschäftsfähigen und die beschränkt Geschäftsfähigen, soweit sie für den Gegenstand des Verfahrens als geschäftsfähig anerkannt sind. Für Vereinigungen und Behörden handeln ihre gesetzlichen Vertreter und Vorstände (§ 62 Abs. 3 VwGO).

Beteiligtenfähigkeit und Prozessfähigkeit

C. Allgemeines Rechtsschutzbedürfnis

Voraussetzung der Zulässigkeit jeder Klage ist, dass der Kläger ein schutzwürdiges Interesse an einer Sachentscheidung des Gerichts hat (sog. Rechtsschutzbedürfnis).

2. Teil	Verwaltungsprozessrecht

Rechtsschutzbedürfnis

Das **Rechtsschutzbedürfnis fehlt,** wenn der Kläger sein Begehren auf einem anderen Wege einfacher, umfassender oder schneller durchsetzen kann oder wenn der Rechtsbehelf dem Kläger keine rechtlichen oder tatsächlichen Vorteile (mehr) bringt.

Beispiel: Klagt ein Verwaltungsträger gegen den Bürger ist das Rechtsschutzbedürfnis zweifelhaft, wenn die Behörde ihren Anspruch durch VA durchsetzen könnte. Die h.Rspr. bejaht das Rechtsschutzbedürfnis gleichwohl, wenn ohnehin mit der Anfechtung des VA zu rechnen ist.

D. Sonstiges

Ordnungsgemäße Klageerhebung

I. Die Voraussetzungen einer **ordnungsgemäßen Klageerhebung** ergeben sich aus §§ 81, 82 VwGO.

Die Klage muss schriftlich oder zu Protokoll des Gerichts (§ 81 Abs. 1 VwGO) erhoben werden, für die elektronische Übermittlung gilt § 55 a VwGO. Die Klage muss den Kläger, den Beklagten und den Gegenstand des Klagebegehrens bezeichnen (§ 82 Abs. 1 S. 1 VwGO).

Anderweitige Rechtshängigkeit oder entgegenstehende Rechtskraft

II. Wenn die Streitsache schon bei einem anderen Gericht rechtshängig ist, ist eine neue Klage während der **Rechtshängigkeit** unzulässig (§ 173 S. 1 VwGO i.V.m. § 17 Abs. 1 S. 2 GVG). Dasselbe gilt, wenn bereits eine **rechtskräftige Entscheidung** über den Streitgegenstand vorliegt (§ 121 VwGO).

Verzicht oder Verwirkung

III. Unzulässig ist die Klage auch, wenn der Kläger auf sein Klagerecht **verzichtet** oder wenn er das Recht durch längere Untätigkeit **verwirkt** hat.

Beispiel: Nachbar N erhebt erst nach der Fertigstellung des Bauvorhabens Anfechtungsklage gegen die Baugenehmigung, obwohl sich ihm mit Beginn der Bauarbeiten das Vorliegen einer Genehmigung aufdrängen musste. Nach dem Rechtsgedanken des § 58 Abs. 2 VwGO ist N gehalten, i.d.R. innerhalb eines Jahres nach Beginn der Bauarbeiten Klage zu erheben.

E. Anhang

Erst die Zulässigkeit der Klage feststellen und anschließend die prozessualen Besonderheiten erörtern.

Im **Anschluss an die Zulässigkeitsprüfung** kann es erforderlich sein, auf bestimmte prozessuale Besonderheiten hinzuweisen (z.B. Erforderlichkeit einer Beiladung nach § 65 VwGO oder Zulässigkeit einer Klagehäufung nach § 44 VwGO).

! *Diese Punkte berühren **nicht die Zulässigkeit der Klage** und dürfen deshalb auch nicht im Rahmen der Zulässigkeit geprüft werden.*

Auch wenn z.B. eine Beiladung (§ 65 VwGO) unterbleibt, ist die Klage gleichwohl zulässig, das Urteil wirkt nur nicht gegenüber dem Dritten (§ 121 VwGO). Sind bei einer Klagehäufung die Voraussetzungen des § 44 VwGO nicht erfüllt, so bleibt jede Klage für sich gesehen zulässig. Nur die gleichzeitige Behandlung in einem Verfahren ist nicht möglich. Die Verfahren werden dann nach § 93 VwGO getrennt.

Check: Besondere und allgemeine Sachurteilsvoraussetzungen

1. Wie ist die Klagebefugnis nach § 42 Abs. 2 VwGO zu bestimmen?

1. Der Kläger muss geltend machen in einem subjektiven öffentlichen Recht verletzt zu sein, d.h. die streitentscheidende Norm darf nicht nur den Interessen der Allgemeinheit, sondern muss zumindest auch den Individualinteressen des Klägers zu dienen bestimmt sein (Schutznormtheorie).

2. Wann ist ein Vorverfahren nach §§ 68 ff. VwGO nicht erforderlich?

2. Ein Vorverfahren ist nicht erforderlich
- bei gesetzlichen Ausnahmen (§ 68 Abs. 1 S. 2 Hs. 1 VwGO),
- bei VAen von obersten Bundes- oder obersten Landesbehörden (§ 68 Abs. 1 S. 2 Nr. 1 VwGO),
- bei erstmaliger Beschwer durch einen Abhilfe- oder Widerspruchsbescheid (§ 68 Abs. 1 S. 2 Nr. 2 VwGO),
- grds. bei Leistungs- und Feststellungsklagen (außer im Beamtenrecht, z.B. § 54 Abs. 2 S. 1 BeamtStG),
- bei der Fortsetzungsfeststellungsklage bei Erledigung vor Ablauf der Widerspruchsfrist.

3. Wann ist die Klagefrist des § 74 VwGO zu beachten?

3. Fristgebunden sind Anfechtungs- und Verpflichtungsklagen, nicht dagegen Leistungs-, Feststellungs- und Fortsetzungsfeststellungsklagen (bei vorprozessualer Erledigung) mit Ausnahmen im Beamtenrecht.

4. Wann ist eine Rechtsbehelfsbelehrung unrichtig und welche Rechtsfolge ergibt sich daraus?

4. Die Rechtsbehelfsbelehrung ist unrichtig, wenn obligatorische Bestandteile i.S.d. § 58 Abs. 1 VwGO fehlen oder unrichtige Zusätze abstrakt geeignet sind, die Einlegung des Rechtsbehelfs zu erschweren. Für den Rechtsbehelf (Widerspruch, Klage) gilt dann nicht die Monatsfrist (§§ 70, 74 VwGO), sondern eine Jahresfrist (§ 58 Abs. 2 VwGO).

5. Was ist der Unterschied zwischen Passivlegitimation und Prozessführungsbefugnis?

5. Die Passivlegitimation betrifft die materielle Verpflichtung und damit die Begründetheit der Klage. Bei der Prozessführungsbefugnis geht es darum, ein Recht im eigenen Namen geltend zu machen (z.B. § 78 VwGO).

6. Nennen Sie die wichtigsten allgemeinen Sachurteilsvoraussetzungen!

6. Die wichtigsten allgemeinen Sachurteilsvoraussetzungen sind die Beteiligten- und Prozessfähigkeit (§§ 61, 62 VwGO), das allgemeine Rechtsschutzbedürfnis, die ordnungsgemäße Klageerhebung (§§ 81, 82 VwGO), die Gerichtszuständigkeit und keine anderweitige Rechtshängigkeit oder entgegenstehende Rechtskraft.

2. Teil — Aufbauschema: Zulässigkeit der verwaltungsgerichtlichen Klage

Zulässigkeit der verwaltungsgerichtlichen Klage

I. Eröffnung des Verwaltungsrechtswegs

- **Spezialzuweisungen** zum VG (z.B. § 54 Abs. 1 BeamtStG)
- **Generalklausel** des § 40 Abs. 1 S. 1 VwGO

II. Statthafte Klageart

Anfech-tungsklage	Verpflich-tungsklage	Leistungs-klage	Feststel-lungsklage	Normen-kontrolle

Aufhebung eines VA (§ 42 Abs. 1 Fall 1 VwGO)	Erlass eines VA (§ 42 Abs. 1 Fall 2 VwGO)	sonstige Handlung, Duldung, Unterlassung	■ Feststellung
			  – Rechts-verhältnis
			  – Nichtig-keit VA
				Unwirksam-keit bestimm. untergesetzl. Normen (§ 47 VwGO)

Fortsetzungsfeststellungs-klage			■ Subsidia-rität (§ 43 VwGO)	
Feststellung der RW eines erledigten VA (§ 113 Abs. 1 S. 4 VwGO)				

III. Besondere Sachurteilsvoraussetzungen (klageartabhängig)

Anfech-tungsklage	Verpflich-tungsklage	Leistungs-klage	Feststel-lungsklage	Normen-kontrolle
■ Klagebefugnis (§ 42 Abs. 2 VwGO) ■ Vorverfahren (§ 68 VwGO) ■ Klagefrist (§ 74 VwGO) ■ Klagegegner (§ 78 VwGO)		■ Klage-befugnis analog § 42 Abs. 2 VwGO	■ Klage-befugnis analog § 42 Abs. 2 VwGO ■ Feststell.-interesse (§ 43 Abs. 1 VwGO)	■ Antrags-befugnis ■ Antrags-frist ■ Antrags-gegner (§ 47 Abs. 2 VwGO)
Fortsetzungsfeststellungs-klage				
zusätzlich: Fortsetzungs-feststellungsinteresse				

IV. Allgemeine Sachurteilsvoraussetzungen (klageartunabhängig)

- Gerichtszuständigkeit (§§ 45 ff. VwGO)
- ordnungsgemäße Klageerhebung (§§ 81, 82 VwGO)
- Beteiligten- und Prozessfähigkeit (§§ 61, 62 VwGO)
- allgemeines Rechtsschutzbedürfnis usw.

ggf. nach der Zulässigkeitsprüfung anmerken:

- Klagehäufung (§ 44 VwGO), Beiladung (§ 65 VwGO)

6. Abschnitt: Vorläufiger Rechtsschutz

A. Bedeutung des vorläufigen Rechtsschutzes

Art. 19 Abs. 4 GG gewährleistet nicht nur das formelle Recht, die Gerichte gegen Maßnahmen der öffentlichen Gewalt anzurufen, sondern auch die **Effektivität des Rechtsschutzes**. Effektivität bedeutet auch und gerade Rechtzeitigkeit des Rechtsschutzes. Neben dem Rechtsschutz in der Hauptsache muss daher auch vorläufiger Rechtsschutz gewährleistet sein, damit vollendete Tatsachen und irreparable Nachteile verhindert werden.

Effektivität des Rechtsschutzes fordert vorläufigen Rechtsschutz

Die VwGO kennt zwei Arten des vorläufigen Rechtsschutzes:

- die **aufschiebende Wirkung** von Widerspruch und Anfechtungsklage (§ 80 Abs. 1 VwGO) und das **Aussetzungsverfahren** (§ 80 Abs. 5 VwGO) bei belastenden Verwaltungsakten sowie

- die **einstweilige Anordnung** (§ 123 VwGO) in allen anderen Fällen.

Aussetzungsverfahren und Anordnungsverfahren

B. Vorläufiger Rechtsschutz nach § 80 VwGO

I. Aufschiebende Wirkung nach § 80 Abs. 1 VwGO

Beim belastenden VA haben Widerspruch und Anfechtungsklage unmittelbar kraft Gesetzes **aufschiebende Wirkung** (§ 80 Abs. 1 VwGO). Der VA wird mit der Bekanntgabe wirksam und muss vom Bürger befolgt werden (§ 43 Abs. 1 VwVfG), und zwar auch dann, wenn er rechtswidrig, aber nicht nichtig ist (s.o. S. 39). Diese Wirkungen des VA werden indes nach § 80 Abs. 1 VwGO durch die Einlegung von Rechtsbehelfen **automatisch suspendiert.** Der Bürger braucht den VA vorläufig nicht zu befolgen, die Behörde darf den VA zunächst nicht zwangsweise durchsetzen. Eines besonderen gerichtlichen Eilverfahrens bedarf es daher grds. nicht.

Automatische Suspendierung des VA durch Widerspruch und Anfechtungsklage

II. Ausschluss der aufschiebenden Wirkung nach § 80 Abs. 2 VwGO

Die aufschiebende Wirkung ist jedoch gemäß § 80 Abs. 2 VwGO in bestimmten Fällen **ausgeschlossen:**

- bei der Anforderung öffentlicher Abgaben und Kosten (Nr. 1),

- bei unaufschiebbaren Anordnungen und Maßnahmen von Polizeivollzugsbeamten (Nr. 2),

- bei gesetzlichem Ausschluss (Nr. 3) und

Bei Ausschluss der aufschiebenden Wirkung kann VA schon vor seiner Bestandskraft zwangsweise durchgesetzt werden.

2. Teil Verwaltungsprozessrecht

■ bei Anordnung der sofortigen Vollziehung durch die Behörde (Nr. 4).

Beispiele: Baugenehmigungen (§ 212 a Abs. 1 BauGB), Abordnung und Versetzung im Beamtenrecht (§ 126 Abs. 4 BBG, § 54 Abs. 4 BeamtStG) und Maßnahmen in der Verwaltungsvollstreckung (nach Landesrecht) sind kraft Gesetzes sofort vollziehbar.

Gerichtlicher vorläufiger Rechtsschutz nur bei Entfall der aufschiebenden Wirkung

Haben Widerspruch und Anfechtungsklage nach § 80 Abs. 2 VwGO **keine aufschiebende Wirkung**, so muss der Betroffene den wirksamen VA (§ 43 VwVfG) bereits vor Bestandskraft befolgen. Die Behörde kann den VA schon jetzt zwangsweise durchsetzen (vgl. § 6 Abs. 1 VwVG). Um dies zu verhindern, kann durch das Verwaltungsgericht nach § 80 Abs. 5 VwGO **vorläufiger Rechtsschutz** gewährt werden.

C. Das gerichtliche Aussetzungsverfahren nach § 80 Abs. 5 VwGO

Anordnung der aufschiebenden Wirkung

■ Ist die aufschiebende Wirkung **kraft Gesetzes** nach § 80 Abs. 2 S. 1 Nr. 1–3 oder S. 2 VwGO ausgeschlossen, kann das Gericht auf Antrag die aufschiebende Wirkung nach § 80 Abs. 5 S. 1 Hs. 1 VwGO ganz oder teilweise **anordnen**.

Wiederherstellung der aufschiebenden Wirkung

■ Hat die **Behörde** nach § 80 Abs. 2 S. 1 Nr. 4 VwGO die sofortige Vollziehung angeordnet, kann das Gericht die aufschiebende Wirkung nach § 80 Abs. 5 S. 1 Hs. 2 VwGO ganz oder teilweise **wiederherstellen**.

Aufhebung der Vollziehung bei bereits vollzogenem VA

■ Ist der VA im Zeitpunkt der gerichtlichen Entscheidung bereits vollzogen, so kann das Gericht neben der Anordnung bzw. Wiederherstellung der aufschiebenden Wirkung gemäß § 80 Abs. 5 S. 3 VwGO auch die **Aufhebung der Vollziehung** anordnen.

Beispiel: Dem G ist sofort vollziehbar die Gewerbeausübung untersagt worden (§ 35 Abs. 1 GewO) und die Betriebsräume sind versiegelt worden. G kann neben der Wiederherstellung der aufschiebenden Wirkung (§ 80 Abs. 5 S. 1 Hs. 2 VwGO) nach § 80 Abs. 5 S. 3 VwGO zugleich Entsiegelung seiner Betriebsräume beantragen.

Eigene Ermessensentscheidung des Gerichts

Im Verfahren nach § 80 Abs. 5 VwGO entscheidet das Gericht aufgrund einer **Abwägung** zwischen dem öffentlichen Vollzugsinteresse und dem Aussetzungsinteresse des Antragstellers. Anders als im Hauptsacheverfahren (§ 113 Abs. 1 S. 1 VwGO) überprüft das Gericht im Eilverfahren nach § 80 Abs. 5 VwGO daher nicht nur die Rechtmäßigkeit des Verwaltungshandelns, sondern trifft nach Abwägung der beteiligten Interessen eine **eigene Ermessensentscheidung**.

Vorläufiger Rechtsschutz | **6. Abschnitt**

I. Zulässigkeit des Aussetzungsantrags

Aufbauschema: Zulässigkeit Antrag nach § 80 Abs. 5 VwGO

1. **Verwaltungsrechtsweg** in der Hauptsache
2. **Statthaftigkeit** des Antrags nach § 80 Abs. 5 S. 1 VwGO
   a) Vollziehung eines belastenden VA
   b) Rechtsbehelf (Widerspruch, Anfechtungsklage) erhoben
   c) keine aufschiebende Wirkung gemäß § 80 Abs. 2 VwGO
3. **Antragsbefugnis** analog § 42 Abs. 2 VwGO
4. **Rechtsschutzbedürfnis**
5. i.d.R. **keine Frist**
6. **Antragsgegner** analog § 78 VwGO

---

1. Verwaltungsrechtsweg

Der Verwaltungsrechtsweg ist für das Eilverfahren eröffnet, wenn in der Hauptsache eine Spezialzuweisung oder § 40 Abs. 1 S. 1 VwGO zur Anwendung gelangt.

2. Statthaftigkeit

a) Der Antrag nach § 80 Abs. 5 S. 1 VwGO ist (in Abgrenzung zur einstweiligen Anordnung, § 123 VwGO) statthaft, wenn es um die **Vollziehung eines belastenden VA** geht, der im Hauptsacheverfahren mit der Anfechtungsklage anzugreifen ist.

Anfechtungsklage in der Hauptsache

Der Aussetzungsantrag nach § 80 Abs. 5 VwGO ist daher z.B. statthaft, wenn es um die Vollziehung einer Gewerbeuntersagung, einer Beseitigungsverfügung oder der Entziehung der Fahrerlaubnis geht. Bei Ablehnung einer Erlaubnis (Verpflichtungsklage in der Hauptsache) ist dagegen § 123 VwGO einschlägig.

b) Da § 80 VwGO **keinen vorbeugenden Rechtsschutz** gewährt, muss der Antragsteller zumindest zeitgleich den Rechtsbehelf in der Hauptsache (Widerspruch, Anfechtungsklage) erheben. Die Anordnung oder Wiederherstellung der aufschiebenden Wirkung eines noch nicht erhobenen Rechtsbehelfs scheidet nach h.M. schon begrifflich aus. Die Gegenansicht verweist auf § 80 Abs. 5 S. 2 VwGO, wonach der Antrag schon **vor Erhebung der Anfechtungsklage** zulässig ist. Der Hinweis geht jedoch fehl, da die Vorschrift nur die Zeit zwischen dem Erlass des Widerspruchsbescheides und der Erhebung der Anfechtungsklage erfasst, nicht dagegen vor Erhebung des Rechtsbehelfs in der Hauptsache. Ist der Widerspruch

Rechtsbehelf in der Hauptsache bereits eingelegt

123

2. Teil　Verwaltungsprozessrecht

nach § 68 Abs. 1 S. 2 VwGO ausgeschlossen, kann der Eilantrag daher frühestens mit Klageerhebung gestellt werden.

Ausschluss der aufschiebenden Wirkung nach § 80 Abs. 2 VwGO

c) Schließlich darf der Rechtsbehelf gemäß § 80 Abs. 2 VwGO **keine aufschiebende Wirkung** haben. Hat der Rechtsbehelf nach § 80 Abs. 1 VwGO schon kraft Gesetzes aufschiebende Wirkung, ist der Antrag nach § 80 Abs. 5 VwGO daher grds. unzulässig.

Umstritten ist lediglich, ob dies dazu führt, dass der Antrag bereits unstatthaft ist, oder ob das Rechtsschutzbedürfnis fehlt.

Faktischer Vollzug bei Missachtung der aufschiebenden Wirkung

Etwas anderes gilt, wenn die Behörde die **aufschiebende Wirkung missachtet** (z.B. trotz Suspendierung nach § 80 Abs. 1 VwGO den VA zwangsweise durchsetzen will). In diesem Fall spricht man von **faktischem Vollzug**. Der Betroffene kann analog § 80 Abs. 5 S. 1 VwGO beim Verwaltungsgericht die Feststellung der aufschiebenden Wirkung beantragen, damit die Behörde ihr rechtswidriges Verhalten erkennt.

3. Antragsbefugnis

Antragsbefugnis analog § 42 Abs. 2 VwGO

Auch das vorläufige Rechtsschutzverfahren erfordert **analog § 42 Abs. 2 VwGO** eine Antragsbefugnis. Der Antragsteller muss geltend machen, durch den VA in seinen subjektiven Rechten verletzt zu sein.

4. Rechtsschutzbedürfnis

Keine besondere Eilbedürftigkeit erforderlich

a) Das **allgemeine Rechtsschutzbedürfnis** für den Eilantrag setzt voraus, dass der Rechtsbehelf in der **Hauptsache nicht offensichtlich unzulässig** ist. Denn dann entfalten Widerspruch und Anfechtungsklage ohnehin keine aufschiebende Wirkung (str.).

b) Einer besonderen **Eilbedürftigkeit** bedarf es – anders als bei der einstweiligen Anordnung (§ 123 VwGO) – beim Antrag nach § 80 Abs. 5 VwGO nicht. Die Eilbedürftigkeit ergibt sich ohne Weiteres aus dem drohenden Vollzug.

c) Ein vorheriger **Antrag bei der Behörde** auf Aussetzung der Vollziehung nach § 80 Abs. 4 VwGO ist nur im Fall des § 80 Abs. 2 S. 1 Nr. 1 VwGO erforderlich (§ 80 Abs. 6 VwGO), also bei Abgaben- und Kostenbescheiden.

5. Sonstiges

Keine Antragsfrist

Der Aussetzungsantrag nach § 80 Abs. 5 S. 1 VwGO ist grds. an **keine Frist** gebunden (Ausnahmen in Spezialgesetzen). Der **Antragsgegner** bestimmt sich analog § 78 Abs. 1 VwGO.

124

II. Begründetheit des Aussetzungsantrags

1. Entscheidung aufgrund einer Interessenabwägung

Der Aussetzungsantrag ist begründet, wenn aufgrund einer umfassenden **Güter- und Interessenabwägung** davon auszugehen ist, dass das Aussetzungsinteresse des Antragstellers das öffentliche Vollzugsinteresse überwiegt. Diese Interessenabwägung richtet sich in erster Linie nach den Erfolgsaussichten in der Hauptsache, sodass **inzident** die Rechtmäßigkeit des angefochtenen VA zu prüfen ist.

Inzidentprüfung der Rechtmäßigkeit des VA als Indiz für überwiegendes Vollzugsinteresse

- Erweist sich der VA als **rechtswidrig**, so hat der Aussetzungsantrag grds. Erfolg, da an der Vollziehung eines rechtswidrigen VA grds. kein öffentliches Vollzugsinteresse bestehen kann.

- Ist der VA dagegen **rechtmäßig**, so ist zu unterscheiden:

  - In den Fällen des **gesetzlichen Ausschlusses** der aufschiebenden Wirkung (§ 80 Abs. 2 S. 1 Nr. 1–3 u. S. 2 VwGO) ist der Antrag i.d.R. unbegründet, da nach der gesetzlichen Wertung das öffentliche Vollzugsinteresse vorrangig ist.

    Vorrang des gesetzlichen Vollzugsinteresses

  - Bei **behördlicher Anordnung** der sofortigen Vollziehung (§ 80 Abs. 2 S. 1 Nr. 4 VwGO) ist nach h.M. zusätzlich ein **besonderes Vollzugsinteresse** erforderlich, das über das Interesse am Erlass des VA hinausgehen muss.

    Im Einzelfall besonderes Vollzugsinteresse erforderlich

    Nach der Gegenansicht ist der Antrag allein wegen der Rechtmäßigkeit des VA unbegründet, da der Antragsteller im Hauptsacheverfahren erfolglos bleiben wird und sein Interesse, die Verwirklichung des VA durch unbegründete Rechtsbehelfe hinauszuschieben, nicht schutzwürdig sei.

2. Entscheidung bei fehlerhafter Vollziehungsanordnung

Im Fall des § 80 Abs. 2 S. 1 Nr. 4 VwGO kann der Antrag bereits dann Erfolg haben, wenn die Anordnung der sofortigen Vollziehung **formell fehlerhaft** erfolgt ist. Das gilt insbesondere, wenn die Anordnung nicht den Anforderungen des § 80 Abs. 3 VwGO entspricht. Danach ist das **besondere Interesse** an der sofortigen Vollziehung des VA schriftlich zu begründen. Die Begründung muss das besondere Interesse darlegen, das **gerade im konkreten Fall** über das allgemeine, bei jedem VA bestehende Vollzugsinteresse hinausgeht. Nicht ausreichend sind daher allgemein gehaltene Floskeln, die Wiedergabe des Gesetzeswortlauts, eine Wiederholung der den Erlass des VA selbst rechtfertigenden Gründe oder der Hinweis auf die Rechtmäßigkeit des VA.

Anordnung der sofortigen Vollziehung (§ 80 Abs. 2 S. 1 Nr. 4 VwGO) erfordert besondere Begründung (§ 80 Abs. 3 VwGO)

D. Vorläufiger Rechtsschutz bei Verwaltungsakten mit Doppelwirkung nach § 80 a VwGO

Bei Verwaltungsakten mit Doppelwirkung wird § 80 Abs. 5 VwGO durch § 80 a VwGO ergänzt. Dabei unterscheidet das Gesetz zwei Fälle:

§ 80 a Abs. 1 VwGO: begünstigender VA mit drittbelastender Wirkung

- **begünstigende VAe** mit **drittbelastender Wirkung** (§ 80 a Abs. 1 VwGO),

  Wichtigstes Beispiel ist die Baugenehmigung, die den Bauherrn begünstigt und den Nachbarn belastet. Dasselbe gilt für immissionsschutzrechtliche Genehmigungen und gaststättenrechtliche Erlaubnisse.

§ 80 a Abs. 2 VwGO: belastender VA mit drittbegünstigender Wirkung

- **belastende VAe** mit **drittbegünstigender Wirkung** (§ 80 a Abs. 2 VwGO).

  Beispiele: Nutzungsuntersagungen und Beseitigungsverfügungen im Baurecht, die den Bauherrn belasten und den Nachbarn begünstigen.

Hinsichtlich des vorläufigen Rechtsschutzes kommt es in beiden Fällen darauf an, ob der Rechtsbehelf des Dritten aufschiebende Wirkung entfaltet oder nicht.

I. Drittrechtsbehelf hat aufschiebende Wirkung

Aufschiebende Wirkung

Hat der Widerspruch oder die Anfechtungsklage des Dritten nach § 80 Abs. 1 VwGO **aufschiebende Wirkung**, so darf der Adressat des VA von der ihm erteilten Begünstigung zunächst keinen Gebrauch machen.

Beispiel: Der Widerspruch des Nachbarn gegen die dem Anlagenbetreiber A nach § 4 BImSchG erteilte Genehmigung hat nach § 80 Abs. 1 S. 2 VwGO aufschiebende Wirkung, d.h. A darf die Anlage vorerst weder errichten noch betreiben.

Antrag auf Anordnung der sofortigen Vollziehung

Der durch den VA Begünstigte hat dann die Möglichkeit bei der Behörde einen Antrag auf **Anordnung der sofortigen Vollziehung** nach § 80 Abs. 2 S. 1 Nr. 4 VwGO zu stellen (§ 80 a Abs. 1 Nr. 1 VwGO). Lehnt die Behörde dies ab, kann auf Antrag des Begünstigten das Verwaltungsgericht die sofortige Vollziehung anordnen (§ 80 a Abs. 3 S. 1 VwGO), damit der Begünstigte von der Genehmigung Gebrauch machen kann.

Dasselbe gilt für den Fall des **belastenden VA mit drittbegünstigender Wirkung**. Erhebt der Bauherr gegen eine Beseitigungsverfügung Widerspruch bzw. Anfechtungsklage, haben seine Rechtsbehelfe nach § 80 Abs. 1 VwGO aufschiebende Wirkung. Der durch die Beseitigungsverfügung begünstigte Nachbar kann nach **§ 80 a Abs. 2 VwGO** bei der Behörde die Anordnung der sofortigen Vollziehung der Verfügung beantragen. Auch in diesem Fall richtet sich eine etwaige gerichtliche Entscheidung nach § 80 a Abs. 3 VwGO.

II. Drittrechtsbehelf hat keine aufschiebende Wirkung

Hat der Rechtsbehelf des Dritten ausnahmsweise nach § 80 Abs. 2 VwGO **keine aufschiebende Wirkung**, so darf der Begünstigte den VA zunächst trotz der nachbarlichen Rechtsbehelfe weiterhin umsetzen.

Ausschluss der aufschiebenden Wirkung, insbes. nach § 212 a Abs. 1 BauGB

Beispiel: Rechtsbehelfe des Nachbarn N gegen die dem Bauherrn B erteilte Baugenehmigung haben nach § 80 Abs. 2 S. 1 Nr. 3 VwGO i.V.m. § 212 a Abs. 1 BauGB keine aufschiebende Wirkung. B darf daher trotz Widerspruch/Anfechtungsklage des Nachbarn zunächst weiterbauen.

In diesem Fall hat der Dritte (hier N) die Möglichkeit, bei der Behörde die **Aussetzung der Vollziehung** und Maßnahmen zur Sicherung seiner Rechte zu beantragen (§ 80 a Abs. 1 Nr. 2 VwGO). Das Gericht kann nach § 80 a Abs. 3 i.V.m. § 80 Abs. 5 VwGO die aufschiebende Wirkung des Widerspruchs bzw. der Anfechtungsklage anordnen bzw. wiederherstellen.

Antrag auf Aussetzung der Vollziehung bzw. Sicherungsmaßnahmen

Der Aussetzungsantrag hat Erfolg, wenn aufgrund einer **umfassenden Güter- und Interessenabwägung** davon auszugehen ist, dass das Aussetzungsinteresse des Nachbarn das Vollzugsinteresse des begünstigten Adressaten überwiegt. Dies richtet sich in erster Linie nach den Erfolgsaussichten des Nachbarrechtsbehelfs in der Hauptsache. Dieser wird Erfolg haben, soweit der angefochtene Verwaltungsakt rechtswidrig und der Nachbar dadurch in seinen Rechten verletzt ist (§ 113 Abs. 1 S. 1 VwGO). Das ist nur dann der Fall, wenn sich die Rechtswidrigkeit aus einem Verstoß gegen **nachbarschützende Vorschriften** ergibt. Hat der Antrag des Nachbarn Erfolg, muss der Bauherr die Bauarbeiten einstellen.

Überwiegendes Aussetzungsinteresse des Dritten nur bei Verstoß gegen drittschützende Vorschriften

E. Vorläufiger Rechtsschutz nach § 123 VwGO

Die einstweilige Anordnung nach § 123 VwGO ist subsidiär gegenüber dem Aussetzungsverfahren nach § 80 Abs. 5 VwGO. Sie kommt nur in Betracht, wenn keiner der Fälle der §§ 80, 80 a VwGO vorliegt (§ 123 Abs. 5 VwGO). § 123 VwGO unterscheidet zwei Arten der einstweiligen Anordnung:

Im Verwaltungsprozess heißt es anders als im Zivilprozess nicht einstweilige Verfügung, sondern einstweilige Anordnung!

- die **Sicherungsanordnung** (§ 123 Abs. 1 S. 1 VwGO) zur Sicherung des bestehenden Zustandes (status quo) und

- die **Regelungsanordnung** (§ 123 Abs. 1 S. 2 VwGO), wenn der Antragsteller seinen Rechtskreis erweitern will.

I. Zulässigkeit des Antrags nach § 123 VwGO

Aufbauschema: Zulässigkeit Antrag nach § 123 VwGO

1. **Verwaltungsrechtsweg** in der Hauptsache
2. **Statthaftigkeit** des Antrags (§ 123 Abs. 5 VwGO)
3. **Antragsbefugnis** analog § 42 Abs. 2 VwGO
4. **Rechtsschutzbedürfnis**
5. **keine Frist**
6. **Antragsgegner** analog § 78 VwGO bzw. Rechtsträger

1. Verwaltungsrechtsweg

Der Verwaltungsrechtsweg für den Antrag auf Erlass einer einstweiligen Anordnung ist eröffnet, wenn in der Hauptsache eine Spezialzuweisung oder § 40 Abs. 1 S. 1 VwGO einschlägig ist.

2. Statthaftigkeit

Verpflichtungs-, Leistungs- oder Feststellungsklage in der Hauptsache

Ein Antrag nach § 123 VwGO ist nur statthaft, wenn keiner der Fälle der §§ 80, 80 a VwGO vorliegt (§ 123 Abs. 5 VwGO), d.h. wenn es **nicht um die Vollziehung eines belastenden VA** geht. § 123 VwGO ist daher einschlägig, wenn es sich in der Hauptsache nicht um eine Anfechtungsklage, sondern um eine Verpflichtungs-, Leistungs- oder Feststellungsklage handelt.

Beispiel: Erlass eines begünstigenden VA, Anspruch auf Geldzahlung oder Unterlassung der Ernennung des Konkurrenten im Beamtenrecht.

3. Antragsbefugnis

Antragsbefugnis analog § 42 Abs. 2 VwGO

Wie die Klage in der Hauptsache setzt auch die einstweilige Anordnung **analog § 42 Abs. 2 VwGO** voraus, dass der Antragsteller geltend machen kann, in einem subjektiven Recht verletzt zu sein (Antragsbefugnis).

4. Rechtsschutzbedürfnis

Rechtsschutzbedürfnis fehlt, wenn Hauptsache offensichtlich unzulässig

Das allgemeine Rechtsschutzbedürfnis besteht grds. nur, wenn sich der Antragsteller zunächst erfolglos an die zuständige Behörde gewandt hat, es sei denn, die Sache ist besonders eilig. Anders als im Rahmen des § 80 Abs. 5 VwGO muss jedoch noch kein Rechtsbehelf in der Hauptsache (wie Widerspruch oder Klage) erhoben sein. Das Hauptsacheverfahren darf jedoch nicht offensichtlich unzulässig sein (z.B. wegen Verfristung, §§ 70, 74 VwGO).

Vorläufiger Rechtsschutz | 6. Abschnitt

5. Sonstiges

Eine **Antragsfrist** besteht für den Antrag nach § 123 VwGO nicht. Der **Antragsgegner** richtet sich nach der Klageart in der Hauptsache: In Verpflichtungssituationen gilt § 78 VwGO analog, ansonsten richtet sich der Antrag gegen den Rechtsträger.

Keine Antragsfrist

II. Begründetheit des Antrags nach § 123 VwGO

Da das Gesetz keinen Prüfungsmaßstab vorgibt, stellt die Rspr. auf die im Zivilprozess anerkannten Grundsätze ab. Der Antrag auf Erlass einer einstweiligen Anordnung ist begründet, wenn die tatsächlichen Umstände, die den **Anordnungsanspruch** und den **Anordnungsgrund** begründen, glaubhaft gemacht sind (§ 123 Abs. 3 VwGO, §§ 920 Abs. 2, 294 ZPO).

Anordnungsanspruch u. Anordnungsgrund

■ Der **Anordnungsanspruch** ist dabei nach heute herrschendem Verständnis identisch mit dem im Hauptsacheverfahren geltend zu machenden materiell-rechtlichen Anspruch.

■ Der **Anordnungsgrund** betrifft die Dringlichkeit der begehrten Maßnahme.

1. Anordnungsanspruch

a) Bei der **Sicherungsanordnung** (§ 123 Abs. 1 S. 1 VwGO) betrifft der Anordnungsanspruch die Sicherung eines eigenen Rechts, also eines Anspruchs des Antragstellers.

Sicherungsanordnung: Sicherung eines eigenen Rechts, also eines Anspruchs

Beispiel: Unterlassungsanspruch gegen ehrbeeinträchtigende Äußerungen eines Hoheitsträgers oder Abwehr hoheitlicher Immissionen.

b) Bei der **Regelungsanordnung** (§ 123 Abs. 1 S. 2 VwGO) setzt der Anordnungsanspruch ein streitiges Rechtsverhältnis voraus. Wie im Rahmen des § 43 Abs. 1 VwGO können auch einzelne sich aus dem Rechtsverhältnis ergebende Rechte und Pflichten Gegenstand der Regelungsanordnung sein, insbes. das Bestehen eines konkreten Anspruchs.

Regelungsanordnung: Regelung eines streitigen Rechtsverhältnisses, auch eines einzelnen Anspruchs

Beispiele: Anspruch auf Erteilung einer Baugenehmigung oder einer Aufenthaltserlaubnis, Anspruch auf Versetzung in die nächsthöhere Schulklasse.

c) Anders als im Hauptsacheverfahren müssen die Voraussetzungen des Anspruchs nicht feststehen, erforderlich ist nur ihre **Glaubhaftmachung**. Hierfür reicht die Vorlage einer eidesstattlichen Versicherung aus (§ 123 Abs. 3 VwGO, §§ 920 Abs. 2, 294 ZPO).

Glaubhaftmachung durch eidesstattliche Versicherung

129

2. Teil Verwaltungsprozessrecht

2. Anordnungsgrund

Sicherungsanordnung: drohende Rechtsvereitelung oder Rechtserschwerung

a) Anordnungsgrund ist bei der **Sicherungsanordnung** (§ 123 Abs. 1 S. 1 VwGO) die Gefahr, dass durch eine Veränderung des bestehenden Zustandes die Verwirklichung des Rechts vereitelt oder wesentlich erschwert werden könnte.

Regelungsanordnung: Abwehr wesentlicher Nachteile

b) Bei der **Regelungsanordnung** (§ 123 Abs. 1 S. 2 VwGO) besteht ein Anordnungsgrund, wenn eine vorläufige Regelung zur Abwendung wesentlicher Nachteile oder zur Verhinderung drohender Gewalt oder aus anderen Gründen nötig erscheint.

c) In beiden Fällen hat im Rahmen des Anordnungsgrundes eine umfassende **Güter- und Interessenabwägung** zu erfolgen, bei der u.a. zu berücksichtigen sind: die Bedeutung und Dringlichkeit des geltend gemachten Anspruchs, das Maß einer eventuellen Gefährdung, der Eintritt irreparabler Folgen und allgemein, ob das Abwarten einer Entscheidung in der Hauptsache zumutbar ist.

! *Anders als beim Verfahren nach § 80 Abs. 5 VwGO reichen daher überwiegende Erfolgsaussichten in der Hauptsache für den Erlass einer einstweiligen Anordnung nach § 123 Abs. 1 VwGO nicht aus. Hinzukommen muss eine besondere Dringlichkeit.*

Glaubhaftmachung durch eidesstattliche Versicherung

d) Wie beim **Anordnungsanspruch** reicht auch beim Anordnungsgrund die Glaubhaftmachung der tatsächlichen Umstände aus (§ 123 Abs. 3 VwGO, §§ 920 Abs. 2, 294 ZPO).

3. Rechtsfolge

Sind Anordnungsanspruch und Anordnungsgrund glaubhaft gemacht, **muss** das Gericht nach h.M. die einstweilige Anordnung erlassen. Für eine weitere Interessenabwägung auf Rechtsfolgenseite ist kein Raum, denn alle für und gegen den Erlass einer einstweiligen Anordnung sprechenden Gesichtspunkte sind bereits beim Anordnungsanspruch oder beim Anordnungsgrund geprüft worden. Es handelt sich daher um eine **Rechtsentscheidung**. Das **Ermessen** des Gerichts (§ 123 Abs. 3 VwGO i.V.m. § 938 Abs. 1 ZPO) bezieht sich **nur auf den Inhalt** der einstweiligen Anordnung.

Anders als im Rahmen des § 80 Abs. 5 VwGO keine eigene Ermessensentscheidung des Gerichts, sondern Rechtsentscheidung

Die Gegenansicht nimmt dagegen wie im Rahmen des § 80 Abs. 5 VwGO eine umfassende Interessenabwägung vor, „ob" die einstweilige Anordnung erlassen wird. Dabei ist jedoch unklar, welche Gesichtspunkte dem Erlass einer einstweiligen Anordnung entgegenstehen sollen, wenn sowohl der (Anordnungs-)Anspruch als auch die Dringlichkeit seiner Durchsetzung bejaht wurde.

Das **Ermessen des Gerichts** hinsichtlich des Inhalts der einstweiligen Anordnung wird durch zwei Grundsätze **eingeschränkt**:

130

Vorläufiger Rechtsschutz — **6. Abschnitt**

- Durch die einstweilige Anordnung darf grds. **nicht mehr** gewährt werden, als in der Hauptsache erreicht werden könnte.
- Eine **Vorwegnahme der Hauptsache** ist **grds. unzulässig**.

a) Nicht mehr als in der Hauptsache

Unter dem Gesichtspunkt, dass das Begehren in der Hauptsache nicht überschritten werden darf, ergeben sich Probleme bei **Ermessensentscheidungen**, bei denen in der Hauptsache i.d.R. nur ein Bescheidungsurteil in Betracht kommt (§ 113 Abs. 5 S. 2 VwGO). Nach teilweise vertretener Ansicht ist hier der Erlass einer einstweiligen Anordnung nur möglich, wenn ein Fall der **Ermessensreduzierung auf Null** vorliegt. Dagegen spricht jedoch, dass dann bei Ermessensansprüchen eine Rechtsschutzlücke entstünde, die mit der durch Art. 19 Abs. 4 GG garantierten Effektivität des Rechtsschutzes nicht vereinbar wäre. Deshalb ist es nach h.Rspr. zulässig, in eng umrissenen Ausnahmefällen eine über den möglichen Inhalt des Urteils in der Hauptsache (Bescheidung) hinausgehende vorläufige Verpflichtung auszusprechen. Voraussetzung ist allerdings, dass der Erfolg in der Hauptsache überwiegend wahrscheinlich ist.

Problem: Einstweilige Anordnung bei offenem Ermessen in der Hauptsache

Beispiel: Bei Nichtversetzung ist ausnahmsweise eine einstweilige Anordnung auf vorläufige Teilnahme am Unterricht der nächsthöheren Klasse möglich.

b) Keine Vorwegnahme der Hauptsache

Das Verfahren nach § 123 VwGO dient grds. nur der **vorläufigen** Sicherung oder Regelung des streitigen Anspruchs, nicht dagegen der endgültigen Befriedigung. Eine Vorwegnahme der Hauptsache ist daher **grds. unzulässig**.

Grundsätzlich nur vorläufige Sicherung oder Regelung

Beispiele: Keine einstweilige Anordnung auf Erteilung einer Aufenthaltserlaubnis, sondern allenfalls auf vorläufige Duldung. Ebenso scheidet die vorläufige Erteilung einer Baugenehmigung aus, da hierdurch vollendete Tatsachen geschaffen würden.

Das Vorwegnahmegebot gilt jedoch **nicht uneingeschränkt**. Ausnahmsweise kann wegen Art. 19 Abs. 4 GG (Effektivität des Rechtsschutzes) eine Vorwegnahme der Hauptsache erforderlich sein, wenn das Recht des Antragstellers sonst vereitelt würde oder wenn ihm aus sonstigen Gründen eine bloß vorläufige Regelung nicht zumutbar ist.

Vorwegnahme der Hauptsache nur ausnahmsweise zulässig

Beispiel: Der Antragsteller würde Nachteile erleiden, die bei einem Obsiegen in der Hauptsache nicht mehr ausgeglichen werden könnten, z.B. Zulassung zu zeitgebundenen Veranstaltungen im Gewerberecht (Weihnachtsmarkt, Volksfest). Allerdings verlangt die Rspr. auch hier, dass ein Erfolg in der Hauptsache überwiegend wahrscheinlich ist.

131

Check: Vorläufiger Rechtsschutz

1. Welche Arten des gerichtlichen vorläufigen Rechtsschutzes kennt die VwGO?

1. Die VwGO kennt zwei Arten des gerichtlichen vorläufigen Rechtsschutzes:

- das Aussetzungsverfahren nach § 80 Abs. 5 VwGO und
- das Anordnungsverfahren nach § 123 VwGO.

2. In welchen Fällen ist die aufschiebende Wirkung ausgeschlossen?

2. Nach § 80 Abs. 2 VwGO entfällt die aufschiebende Wirkung

- bei der Anforderung von öffentlichen Abgaben und Kosten,
- bei unaufschiebbaren Anordnungen und Maßnahmen von Polizeivollzugsbeamten,
- bei gesetzlichem Ausschluss und
- bei Anordnung der sofortigen Vollziehung durch die Behörde.

3. Was versteht man unter faktischem Vollzug und welche Rechtsfolgen ergeben sich daraus?

3. Von faktischem Vollzug spricht man, wenn die Behörde einen VA durchzusetzen versucht, obwohl Rechtsbehelfe aufschiebende Wirkung entfalten. Der faktische Vollzug ist per se rechtswidrig. Das Verwaltungsgericht kann analog § 80 Abs. 5 S. 1 VwGO das Bestehen der aufschiebenden Wirkung feststellen.

4. Wann ist ein Antrag nach § 80 Abs. 5 S. 1 VwGO auf Anordnung bzw. Wiederherstellung der aufschiebenden Wirkung begründet?

4. Der Antrag ist begründet, wenn aufgrund einer umfassenden Güter- und Interessenabwägung davon auszugehen ist, dass das Aussetzungsinteresse des Antragstellers das öffentliche Vollzugsinteresse überwiegt. Dies richtet sich in erster Linie nach den Erfolgsaussichten im Hauptsacheverfahren und ist insbes. zu bejahen, wenn der VA rechtswidrig in Rechte des Antragstellers eingreift.

5. Welche beiden Arten der einstweiligen Anordnung kennt § 123 VwGO?

5. § 123 Abs. 1 VwGO unterscheidet die Sicherungsanordnung zur Sicherung des status quo und die Regelungsanordnung zur Erweiterung des Rechtskreises.

6. Wann ist ein Antrag auf Erlass einer einstweiligen Anordnung nach § 123 VwGO begründet?

6. Der Antrag auf Erlass einer einstweiligen Anordnung ist begründet, wenn die tatsächlichen Umstände, die den Anordnungsanspruch und den Anordnungsgrund begründen, glaubhaft gemacht sind.

7. Welche beiden wichtigen Einschränkungen ergeben sich für den Inhalt einer einstweiligen Anordnung?

7. Durch die einstweilige Anordnung darf grds. nicht mehr als in der Hauptsache gewährt werden und die Hauptsache darf grds. nicht vorweggenommen werden.

132

7. Abschnitt: Das Widerspruchsverfahren

A. Bedeutung des Vorverfahrens

Vor Erhebung der Anfechtungs- und Verpflichtungsklage sind Rechtmäßigkeit und Zweckmäßigkeit des Verwaltungsakts grundsätzlich in einem **behördlichen Vorverfahren** (Widerspruchsverfahren) nachzuprüfen (§ 68 Abs. 1 S. 1 u. Abs. 2 VwGO). Das Widerspruchsverfahren dient dem Rechtsschutz des Bürgers, der Selbstkontrolle der Verwaltung und der Entlastung der Gerichte.

Behördliches Vorverfahren als Sachurteilsvoraussetzung der späteren Klage

B. Prüfung des Widerspruchs

I. Zulässigkeit des Widerspruchs

Aufbauschema: Zulässigkeit des Widerspruchs
1. **Verwaltungsrechtliche Streitigkeit**

2. **Statthaftigkeit** des Widerspruchs
 	
  a) **Anfechtungswiderspruch** (§ 68 Abs. 1 VwGO)
 	
  b) **Verpflichtungswiderspruch** (§ 68 Abs. 2 VwGO)
 	
  c) **Leistungs- und Feststellungswiderspruch** nur im Beamtenrecht (§ 126 Abs. 2 BBG, § 54 Abs. 2 BeamtStG)
 	
  d) **kein Ausschluss** nach § 68 Abs. 1 S. 2 VwGO

3. **Widerspruchsbefugnis** analog § 42 Abs. 2 VwGO
4. **Form und Frist** (§ 70 VwGO)
5. **Sonstige Zulässigkeitsvoraussetzungen**

1. Verwaltungsrechtliche Streitigkeit

Da das Widerspruchsverfahren Sachurteilsvoraussetzung für den anschließenden Verwaltungsprozess ist, muss es sich bei dem Verfahrensgegenstand entweder kraft Spezialregelung oder aufgrund der Generalklausel des § 40 Abs. 1 S. 1 VwGO um eine verwaltungsrechtliche Streitigkeit handeln.

Verwaltungsrechtliche Streitigkeit in der Hauptsache

Beispiel: Bußgeldbescheide sind zwar Verwaltungsakte. Hierfür enthält § 68 OWiG aber eine anderweitige Zuweisung i.S.d. § 40 Abs. 1 S. 1 Hs. 2 VwGO. Ein Widerspruch ist unzulässig. Zulässig ist vielmehr ein Einspruch nach § 67 OWiG, über den das Amtsgericht entscheidet (§ 68 OWiG).

2. Statthaftigkeit des Widerspruchs

Widerspruch als richtiger Rechtsbehelf

a) Statthaft, d.h. der **richtige Rechtsbehelf**, ist der Widerspruch, wenn er Sachurteilsvoraussetzung für ein späteres Klageverfahren ist. Dies ist gemäß § 68 VwGO grds. bei Anfechtungs- und Verpflichtungsklagen der Fall, in beamtenrechtlichen Streitigkeiten gemäß § 126 Abs. 2 BBG, § 54 Abs. 2 BeamtStG auch bei allen sonstigen Klagen.

Widerspruch unstatthaft in den Fällen des § 68 Abs. 1 S. 2 VwGO

b) Unstatthaft und damit unzulässig ist der Widerspruch, wenn einer der in § 68 Abs. 1 S. 2 VwGO geregelten Fälle vorliegt:

- Nach § 68 Abs. 1 S. 2 Hs. 1 VwGO ist der Widerspruch ausgeschlossen, wenn ein (Bundes- oder Landes-) **Gesetz** dies bestimmt.

  Vgl. z.B. Art. 15 Abs. 2 BayAGVwGO, § 80 Abs. 1 u. 2 NJG, § 110 Abs. 1 JustG NRW, § 16 a Hess AGVwGO und § 54 Abs. 2 S. 3 BeamtStG i.V.m. Landesrecht bei landesbeamtenrechtlichen Streitigkeiten.

- Außerdem ist der Widerspruch nach § 68 Abs. 1 S. 2 Nr. 1 VwGO unstatthaft, wenn der VA von einer **obersten Bundes- oder obersten Landesbehörde** erlassen worden ist, also insbes. bei ministeriellen Entscheidungen (Ausnahmen gelten im Beamtenrecht nach § 126 Abs. 2 S. 2 BBG, § 54 Abs. 2 S. 2 BeamtStG).

- Schließlich ist ein (erneuter) Widerspruch § 68 Abs. 1 S. 2 Nr. 2 VwGO unzulässig, wenn bereits ein Widerspruchsverfahren durchgeführt wurde und der **Widerspruchsbescheid** oder der **Abhilfebescheid erstmalig eine Beschwer** enthält.

Teilweise ist in diesen Fällen das Widerspruchsverfahren landesrechtlich generell ausgeschlossen (vgl. z.B. § 110 Abs. 3 S. 2 JustG NRW).

Beispiel: Bauherr B hat gegen die Ablehnung der Baugenehmigung Widerspruch erhoben, der Erfolg hat. Nachbar N, der durch den positiven Widerspruchsbescheid beschwert wird, kann nicht noch einmal Widerspruch erheben, sondern muss sofort klagen.

3. Widerspruchsbefugnis

Um Popularwidersprüche zu vermeiden, ist beim Widerspruch eine Widerspruchsbefugnis erforderlich. Diese beurteilt sich **analog § 42 Abs. 2 VwGO** nach den Grundsätzen der Klagebefugnis: Der Widerspruchsführer muss geltend machen, in einem subjektiven Recht verletzt zu sein. Im Hinblick auf § 68 Abs. 1 S. 1 VwGO erfährt § 42 Abs. 2 VwGO jedoch eine **Modifizierung**: Da der Widerspruch bei Ermessensentscheidungen auch im Falle der Unzweckmäßigkeit des VA begründet sein kann, reicht es **bei Ermessensentscheidungen** aus, wenn der Widerspruchsführer geltend macht, der VA sei unzweckmäßig und beeinträchtige seine Interessen.

Das Widerspruchsverfahren 7. Abschnitt

4. Form und Frist

a) Der Widerspruch muss gemäß § 70 Abs. 1 S. 1 VwGO **schriftlich,** in elektronischer Form (§ 3 a Abs. 2 VwVfG) oder zur Niederschrift bei der Ausgangsbehörde erhoben werden, und zwar **innerhalb eines Monats** (nicht vier Wochen!) nach Bekanntgabe des VA. Die Frist wird auch durch Einlegung bei der Widerspruchsbehörde gewahrt (§ 70 Abs. 1 S. 2 VwGO).

Widerspruchsfrist: 1 Monat ab Bekanntgabe

b) Für die **Berechnung der Widerspruchsfrist** (§ 70 Abs. 1 VwGO) gelten dieselben Grundsätze wie für die Berechnung der Klagefrist (§ 74 Abs. 1 VwGO). Die Monatsfrist beginnt mit der Bekanntgabe des VA und endet grds. mit Ablauf des Tages des folgenden Monats, welcher durch seine Zahl dem Tag entspricht, an dem die Bekanntgabe erfolgte (§ 188 Abs. 2 BGB), s.o. S. 114 f.

Berechnung der Widerspruchsfrist

Umstritten ist lediglich, ob sich dies aus § 57 Abs. 2 VwGO i.V.m. § 222 Abs. 1 ZPO (prozessuale Lösung) oder aus § 79 i.V.m. § 31 Abs. 1 VwVfG ergibt (verfahrensrechtliche Lösung). Da nach beiden Auffassungen die §§ 187 ff. BGB anwendbar sind, braucht die Frage in der Klausur nicht entschieden zu werden.

!

c) Die Monatsfrist des § 70 Abs. 1 VwGO läuft allerdings nur, wenn dem VA eine **ordnungsgemäße Rechtsbehelfsbelehrung** beigefügt war. Ist die Belehrung unterblieben oder unrichtig erteilt, so gilt gemäß §§ 70 Abs. 2, 58 Abs. 2 VwGO eine Frist von einem Jahr.

Jahresfrist bei fehlender oder unrichtiger Rechtsbehelfsbelehrung (§ 58 Abs. 2 VwGO)

*Fehlt es bereits an einer behördlichen **Bekanntgabe**, so läuft weder die Monatsfrist des § 70 Abs. 1 VwGO noch die Jahresfrist des § 58 Abs. 2 VwGO. Das Widerspruchsrecht kann in diesem Fall jedoch **verwirkt** werden.*

!

Beispiel: Ist dem Nachbarn die dem Bauherrn erteilte Baugenehmigung behördlicherseits nicht bekanntgegeben worden, so sind Rechtsbehelfe i.d.R. ein Jahr nach Beginn der Bauarbeiten verwirkt (s.o. S. 118).

d) Ist der **Widerspruch verfristet**, so ist nicht nur der Widerspruch, sondern auch die nachfolgende Klage unzulässig. Nach der Rspr. kann die Behörde als „Herrin des Vorverfahrens" beim **Adressatenwiderspruch** die Verfristung durch sachliche Entscheidung heilen. Die Lit. verneint eine solche Möglichkeit. Die Regelung des § 70 VwGO stehe nicht zur Disposition der Widerspruchsbehörde. Unstreitig ist eine Heilung **bei verfristeten Drittwidersprüchen ausgeschlossen**, wenn der Adressat mit Fristablauf eine gesicherte Rechtsposition erlangt hat.

Heilung der Verfristung durch sachliche Entscheidung der Widerspruchsbehörde

Beispiel: Keine Heilung beim verfristetem Nachbarwiderspruch gegen die dem Bauherrn erteilte Baugenehmigung.

135

5. Sonstige Zulässigkeitsvoraussetzungen

Wie bei allen Rechtsbehelfen ist der Widerspruch nur zulässig, wenn der Betroffene ein **Rechtsschutzbedürfnis** an der behördlichen Entscheidung hat (Widerspruchsinteresse). Dies kann entfallen, wenn der Zweck des Widerspruchsverfahrens entweder bereits erreicht ist oder nicht mehr erreicht werden kann (z.B. bei Erledigung des VA).

Kein Rechtsschutzbedürfnis nach Erledigung

Ein **Fortsetzungsfeststellungswiderspruch** ist deshalb grds. unzulässig, da der Widerspruch bei Erledigung innerhalb der Widerspruchsfrist nicht Sachurteilsvoraussetzung für die Fortsetzungsfeststellungsklage (§ 113 Abs. 1 S. 4 VwGO) ist (s.o. S. 100). Eine Ausnahme gilt im Beamtenrecht wegen § 126 Abs. 2 S. 1 BBG, § 54 Abs. 2 S. 1 BeamtStG.

II. Begründetheit des Widerspruchs

1. Prüfungsmaßstab

Kontrolle der Rechtmäßigkeit und Zweckmäßigkeit des VA

Die Widerspruchsbehörde prüft gemäß § 68 Abs. 1 S. 1 VwGO die **Rechtmäßigkeit und Zweckmäßigkeit** des angefochtenen VA. Eine Zweckmäßigkeitsprüfung kommt allerdings nur bei Ermessensentscheidungen in Betracht.

- Der Widerspruch ist begründet, soweit der angefochtene VA (oder die Ablehnung des beantragten VA) **rechtswidrig** und der Widerspruchsführer dadurch in seinen **Rechten verletzt** ist (analog § 113 Abs. 1 S. 1, § 113 Abs. 5 S. 1 VwGO).

- Ist der VA zwar **objektiv rechtswidrig**, ist der Widerspruchsführer aber **nicht in seinen Rechten** verletzt, so ist der Widerspruch unbegründet.

!

*Bedeutung hat dies vor allem bei **Drittwidersprüchen**. Da der Dritte keinen allgemeinen Gesetzesvollziehungsanspruch hat, ist der angefochtene VA nur auf die Verletzung drittschützender Vorschriften hin zu überprüfen.*

- Ist ein gebundener VA **rechtmäßig**, so ist der Widerspruch stets unbegründet.

Ist die Entziehung der Fahrerlaubnis rechtmäßig (§ 3 Abs. 1 StVG), so ist der Widerspruch zwingend als unbegründet zurückzuweisen.

Prüfung der Zweckmäßigkeit nur bei Ermessensakten

- Bei einem **Ermessens-VA** kann der Widerspruch aber auch Erfolg haben, wenn er zwar rechtmäßig, aber unzweckmäßig ist.

Der Widerspruch gegen eine rechtmäßige Ordnungsverfügung (Ermessensentscheidung) kann auch begründet sein, wenn die Verfügung unzweckmäßig ist.

2. Abhilfebescheid und Widerspruchsbescheid

Hält die Ausgangsbehörde den Widerspruch für zulässig und begründet, so hilft sie ihm durch Erlass eines sog. **Abhilfebescheids** ab (§ 72 VwGO). Die Ausgangsbehörde hat jedoch keine Verwerfungskompetenz. Hält sie den Widerspruch für unzulässig und/oder unbegründet, wird der Vorgang der Widerspruchsbehörde zur Entscheidung vorgelegt. Diese entscheidet dann durch Erlass eines **Widerspruchsbescheides** (§ 73 Abs. 1 S. 1 VwGO). Widerspruchsbehörde ist grds. die nächsthöhere Behörde (§ 73 Abs. 1 S. 2 Nr. 1 VwGO), in bestimmten Fällen die Ausgangsbehörde selbst.

Abhilfeverfahren durch die Ausgangsbehörde

Widerspruchsbescheid durch Widerspruchsbehörde

Ausgangsbehörde und Widerspruchsbehörde sind identisch, wenn die nächsthöhere Behörde eine oberste Bundes- oder Landesbehörde ist (§ 73 Abs. 1 S. 2 Nr. 2 VwGO), in Selbstverwaltungsangelegenheiten (§ 73 Abs. 1 S. 2 Nr. 3 VwGO) und allgemein wenn das Landesrecht dies bestimmt (§ 73 Abs. 1 S. 3 VwGO).

3. Reformatio in peius

Nach h.M. ist die Widerspruchsbehörde nicht darauf beschränkt, den Widerspruch zurückzuweisen. Sie ist auch zu einer **Verböserung der Ausgangsentscheidung** (sog. reformatio in peius) berechtigt, da sie eine umfassende Recht- und Zweckmäßigkeitskontrolle vorzunehmen hat. Demgegenüber hält die Lit. eine Verböserung grds. für **unzulässig**. Das Risiko einer Verschlechterung könnte den Bürger sonst von der Einlegung des Widerspruchs abhalten, was zu einer faktischen **Einschränkung der Rechtsschutzgarantie** des Art. 19 Abs. 4 GG führe.

Dagegen spricht jedoch, dass das Verwaltungsverfahren erst mit Erlass des Widerspruchsbescheides abgeschlossen ist (§ 79 Abs. 1 Nr. 1 VwGO). Die Widerspruchsbehörde hat deshalb **dieselbe Entscheidungskompetenz wie die Ausgangsbehörde**, wenn sie den VA erst im Zeitpunkt der Widerspruchsentscheidung erlassen würde. Deshalb richtet sich die Rechtmäßigkeit der verbösernden Entscheidung auch nicht – wie teilweise angenommen wird – nach §§ 48, 49 VwVfG, sondern nach der **sachlichen Ermächtigungsgrundlage der Ausgangsbehörde**.

Verböserung der Ausgangsentscheidung durch den Widerspruchsbescheid

Beispiel: Auf den Widerspruch des Bauherrn gegen eine rechtmäßige Teilbeseitigungsverfügung kann die Widerspruchsbehörde den Widerspruch nicht nur als unbegründet zurückweisen, sondern auch die Beseitigung des gesamten Baukörpers anordnen, wenn das Vorhaben insgesamt illegal ist. Ermächtigungsgrundlage hierfür ist die bauordnungsrechtliche Eingriffsermächtigung.

Check: Widerspruchsverfahren

1. Welche Funktionen hat das Widerspruchsverfahren?

1. Das Widerspruchsverfahren dient dem Rechtsschutz des Bürgers, der Selbstkontrolle der Verwaltung und der Entlastung der Gerichte.

2. Wann ist ein Widerspruchsverfahren statthaft?

2. Ein Widerspruchsverfahren ist statthaft, wenn es Sachurteilsvoraussetzung für ein späteres Klageverfahren ist, also nach § 68 VwGO bei Anfechtungs- und Verpflichtungsklagen, im Beamtenrecht auch bei Leistungs-, Feststellungs- und Fortsetzungsfeststellungsklagen (§ 126 Abs. 2 BBG, § 54 Abs. 2 BeamtStG). Der Widerspruch ist unstatthaft in den Fällen des § 68 Abs. 1 S. 2 VwGO.

3. Welches sind die wichtigsten Zulässigkeitsvoraussetzungen des Widerspruchs?

3. Zulässigkeitsvoraussetzungen für den Widerspruch sind insbes.:

- verwaltungsrechtliche Streitigkeit,
- Statthaftigkeit des Widerspruchs,
- Widerspruchsbefugnis analog § 42 Abs. 2 VwGO,
- Form und Frist gemäß § 70 VwGO.

4. Was geschieht mit einem unzulässigen Widerspruch?

4. Ist der Widerspruch unzulässig, so ist er durch Widerspruchsbescheid der Widerspruchsbehörde zurückzuweisen. Beim verfristeten Adressatenwiderspruch kann die Widerspruchsbehörde nach h.Rspr. allerdings auch eine Entscheidung in der Sache treffen und dadurch die Verfristung „heilen".

5. Wann ist ein Widerspruch begründet?

5. Der Widerspruch ist begründet, soweit

- der VA rechtswidrig und der Widerspruchsführer dadurch in seinen Rechten verletzt ist oder
- ein Ermessens-VA unzweckmäßig ist und die Ermessensnorm zumindest auch den Interessen des Widerspruchsführers zu dienen bestimmt ist.

6. Was versteht man unter einer reformatio in peius?

6. Die reformatio in peius meint die Fälle, in denen die angefochtene Entscheidung zulasten des Rechtsbehelfsführers „verbösert" (verschlechtert) wird.

7. Was spricht gegen die Zulässigkeit einer Verbösung im Widerspruchsverfahren?

7. Gegen die Zulässigkeit könnte sprechen, dass das Risiko der Verbösung den Bürger von der Einlegung des Widerspruchs abhalten könnte. Allerdings ist das Verwaltungsverfahren erst mit Erlass des Widerspruchsbescheides abgeschlossen (§ 79 Abs. 1 Nr. 1 VwGO).